洗脳支配の正体

日本人が知らない

日本を見習えば世界は生き残れる

髙山正之 Masayuki Takayama
馬渕睦夫 Mutsuo Mabuchi

ビジネス社

はじめに　ポリティカル・コレクトネス＝言葉狩りで洗脳するメディアを撃て

連日のメディア報道で見られる、建前論を振りかざし上から目線で説教を垂れたり、他人の私生活をのぞき見して面白おかしく冷笑するといった下品な姿勢にうんざりしていた時に、髙山正之氏との対談の機会に恵まれました。

トランプ大統領の就任直後に対談は行われましたが、メディアのポリティカル・コレクトネスという言葉狩りを徹底して批判したトランプ氏に注目していた私たちは、メディア批判で大いに盛り上がりました。髙山氏は産経新聞出身でメディア界の内実に詳しい方なので、私たちの対談を通じてメディアの不都合な真実が読者の皆様に具体的に明らかになったのではと、自負しています。

イギリスがＥＵ離脱を決定し、アメリカにトランプ大統領が出現しても、これらは大衆迎合主義に基づく感情的な誤った選択であるとして、いまだに負け惜しみを言い続けているのが、わが国を含む世界の主要メディアの姿勢です。この姿勢はどこから来るのか、その理由を語り合いました。そして、特にわが国の保守メディアに出ている知識人たちが擁護している国際主義は、実は左翼思想であることを指摘し、彼らの思想の欺瞞を明らかにしました。

大衆迎合主義に対する批判も、国際主義の擁護も、共にポリティカル・コレクトネスというわば建前論なのです。知識人たちがメディアを通じて垂れ流すポリティカル・コレクトネスが私たちの言論を委縮させ、劣化させてきたのです。詳しくは、本文を参照していただければ幸いです。読者の方々には、国際的価値の尊重が理性的だという思い込みが、私たちの精神的自立を妨げている危険を認識していただきたいと願っています。

対談で髙山氏が鋭く指摘されたように、これまでの国際秩序を作り上げてきた白人による人種優越意識が依然として支配的であり、彼らの優越感が非白人種に対する差別意識を生んだことを忘れてはならないでしょう。実は、表向き差別を否定するポリティカル・コレクトネス自体が現実には差別を行っているという逆説に注意しなければなりません。言葉狩りは、少数者を優遇する差別になり、反対意見を感情的だと見下す差別に繋がっているのです。つまり、大衆迎合主義者を差別し、国際主義的価値を重んじない者を差別してきたわけです。詰まるところ、ポリティカル・コレクトネスも形を変えた優越意識なのです。

このようなポリティカル・コレクトネスによる洗脳の悪循環を打破しなければなりませ

ん。そのためには、私たちが対談の結論として明らかにしたように、人種差別を内包する近代文明を克服する鍵が神道に見られる日本の伝統文化にあることを、何よりも私たち自身が自覚しなければならないのです。

人種差別主義もその裏返しであるポリティカル・コレクトネスも対立的世界観に基づく人類分断イデオロギーです。しかし、私たちの伝統的価値観は、対立観ではなく人種の平等と共生を宗とするものです。いま、世界が日本に注目するのは、自然と共生し、人々が調和する生き方です。弱肉強食のダーウイン的進化ではなく、共存しながら互いに進化する生き方です。このようなメッセージを高山氏とともに読者の方々に発信することができたことを、幸いに思います。

馬渕睦夫

平成29年4月吉日

第2章　米露接近のカギを握る安倍首相

第3章 グローバリズムを知らない日本人

第4章　中国とは「疎遠」で、韓国とは「無縁」で

第5章　〝日本叩き〟と〝トランプ批判〟の間違いが糺《ただ》される日

第6章　日本神道にすべての解がある

第1章　〝メディア洗脳支配〟の終焉

「トランプ現象」に戸惑い続ける世界のメディア

馬渕　ドナルド・トランプ氏が、全世界が注目するなか、２０１７年1月21日（日本時間）に第45代アメリカ合衆国大統領として就任しましたが、大統領選挙中も大統領就任後も、いわゆる「トランプ現象」で国内外を賑《にぎ》わし続け、メディアは依然として彼の強硬な姿勢に戸惑っているように思います。

これは従来、見られなかった現象です。

アメリカのメディアは、当初からヒラリー・クリントン候補を当選させようと、いろいろ手を尽くしたにもかかわらず、彼らの思惑は見事にはずれたわけですから、この新大統領の誕生で一番ショックを受けているのはメディアそのものだという気がします。

そこで、日本のメディアもアメリカのメディアもどういう報道をしてきたか、メディアとはそもそも何だということになるんですが、髙山さんのお考えは……。

髙山　メディアの戸惑いは大統領選挙中も大きかったし、その後も世界中のメディアが戸惑っていますね。

基本的かつ簡単に言うと、アメリカという国は1ドル紙幣の裏側にある頭の欠けたピラミッドと、その代わりに描かれている目玉に象徴されるように、伝統ある政治システムがまったくない人工国家であって、要するにトップに立つべきルーラー（支配者、統治者）というか、王侯貴族がいないまま今日に至っている国です。

従って一番初めにどうやって国を支配するかいうときに、共和制だとか民主制という手段よりも、いち早くメディアというものに目をつけたんですね。

１７７６年のアメリカ独立宣言を、あらゆる新聞があの広大な国土にばら撒《ま》いて、いっせいに伝えたということから、独立宣言が浸透したとみられています。しかし、実際に新聞のそうした役割を最初に認識し、新聞に目をつけたのは誰かといえば、独立宣言の起草者として知られ、のちに第３代合衆国大統領となったトーマス・ジェファーソンではないかと私は思っています。

彼が大統領になったときに、「政治があって新聞がない世界と、新聞があって政府がない世界とどちらがいいか」という問いかけに対して、当然のように「新聞がある世界」と答えたというような逸話を、朝日新聞は彼にまつわる有名な話として、かつて「天声人語」で紹介したことがありますが、実は、朝日新聞はその意味をよく理解していませんでした。

トーマス・ジェファーソンは、まだ大統領になる前に彼のもとを訪れた学生から「僕は将来、新聞記者になりたいのですが」と問われて、「新聞というものはどんな真実を書いても、それを二目と見られない醜いものに仕立てて排出する装置だ。あんなものになるんじゃない」と言ったといいます。

しかし、この言葉とは裏腹にトーマス・ジェファーソンは新聞記者の抱え込みを行って、彼らを使って自分の政策を盛んに宣伝したわけですから、トーマス・ジェファーソンこそ最初に新聞の毒とその効用を知悉《ちしつ》して上手く利用して大統領になった人物と言えます。

それが7代目合衆国大統領のアンドリュー・ジャクソンのときになると、新聞支配が完成する。彼がやったことは2つあって、1つは論功があったものに政府の重要ポストを与えるスポイルズシステム（猟官制度）です。これで高位高官のポストを与えられた新聞記者が結構いた。

もう1つは新聞記者を自分のアドバイザーとして入れて、各紙を利用しながら政治を主導しました。彼らはホワイトハウスの台所の勝手口を利用するので、文字どおり「キッチンキャビネット」と呼ばれていました。

馬渕　先般、弾劾されて失職した朴槿恵《パククネ》韓国前大統領の友人、崔順実《チェスンシル》のように私的顧問機関的な役割を新聞記者が担っていたわけですね。

高山　そうです。アンドリュー・ジャクソンはキッチンキャビネットを巧みに利用しました。

たとえば、彼は1830年に「インディアン移住法」を制定して、1838年にチェロキー族をジョージア州からミシシッピー川の向こう、のちにオクラホマ州となる地域に強制的に追放しました。

この強制移住法に最高裁が違憲審判を下しましたが、新聞はいっさい無視。その後公然と憲法違反を続けました。そうしたニュースを新聞はまったく報道しなかったのです。

要するに国益のためになれば憲法がどうであろうとまったく構わないわけで、現在のアメリカの政治とメディアの姿勢にも通じています。いわば新聞とホワイトハウスの共存関係がこの頃に生まれ、その後のアメリカの政治パターンになったのだと思います。

ホワイトハウスとメディアが戦争を仕組んだ

高山　たとえば、アメリカ合衆国とスペイン帝国のあいだで勃発《ぼっぱつ》した１８９８年の米西戦争はその典型です。

米西戦争については、イエロー・ジャーナリズム（扇情主義報道）の影響が大きかったウィリアム・ランドルフ・ハーストのニューヨーク・モーニング・ジャーナル紙、ジョーゼフ・ピューリッツァーのニューヨーク・ワールド紙が熾烈な発行部数競争を行い、無責任なニュースを数多くでっち上げていたことを忘れてはならないでしょう。

スペイン帝国の地位は19世紀後半までの数世紀のあいだに低下し、西インド諸島、太平洋、インド洋にわずかに散在していた植民地しか残っておらず、その多くは独立運動を繰り広げていました。

西インド諸島のキューバもその1つで、同国の独立を阻止するために駐屯しているスペイン軍によってキューバの人たちが難渋している、奴隷扱いされて抵抗している、それを助けるという口実でアメリカは戦艦メイン号で示威行動に出ます。

しかし、メイン号は、ハバナ湾について間もなく爆発、沈没してしまい、乗員266名が死ぬ。アメリカの各紙は「スペインがやった」と騒ぎ立て、この〝スペイン犯人説〟に議会が躍らされて1898年4月25日に米西戦争が始まっています。

ところが、アメリカは4月25日に宣戦布告して、すぐさま艦隊をキューバに向けると思いきや、キューバを後回しにしてフィリピンに行っていました。5月1日にフィリピンのマニラを攻撃していますから、アメリカ艦隊はそれより2カ月前の少なくとも3月にはフィリピンに向かって出航していたことになります。

つまり、メイン号爆発も折り込み済みのやらせだったということです。その結果、アメリカはフィリピンを獲り、ついでにスペイン領であったグァムも獲り、同時にハワイ共和国だったハワイを併合してしまい、太平洋を横断する戦略ラインを確立してしまったわけです。

馬渕　アメリカ艦隊が太平洋に出撃しているあいだ、アメリカはキューバにどう対処していたのでしょうか？

髙山　そのあいだ、海軍省次官だったセオドア・ルーズベルト（後の第26代合衆国大統領）が職を辞し、一介の義勇兵としてキューバで「ラフ・ライダーズ（荒馬乗りたちという意味。義勇騎兵隊の通称）」を指揮しました。

アメリカは、幾度となく義勇兵を使って戦争をしています。有名な１８３６年のアラモ砦《とりで》の戦い（テキサス独立戦争中にメキシコ共和国軍とテキサス分離独立派のあいだで行われた13日間の戦闘）もそうです。

セオドア・ルーズベルトがラフ・ライダーを集めてキューバに侵攻し、新聞はその勇猛果敢な戦いぶりをずっと報道したわけですが、その一方で、アメリカ艦隊はフィリピンを占領していた。本命であった太平洋戦略ライン形成から内外の目をそらすために「キューバで我々は闘っているのだ」という演出を新聞は手助けしていたことになります。

もし新聞がまともだったらラフ・ライダーズを取材するのではなく、わが艦隊は何でフィリピンに行ったのかと、政府の不実をあばくところだったでしょうが、口をつぐんだままセオドア・ルーズベルトとラフ・ライダーズを持ち上げるだけでした。おかげで、各紙とも新聞の発行部数を伸ばし、その後も、部数を伸ばすための戦争を政府にやらせるように仕向けました。

宣戦布告から4カ月後、アメリカは残りの艦隊を集めて後回しにしていたキューバのスペイン艦隊を叩きに行くわけですが、結局、キューバも植民地化してしまいました。つまり、インディアン戦争、メキシコ戦争、米西戦争、それから私は対日戦争のときもそうだったと思いますが、アメリカでは新聞と国策が常に表裏の関係でくっ付いていていた。国益のためにホワイトハウスとメディアは切っても切れない関係にあり、長年これが〝伝統的に〟続いてきたと言えます。

馬渕　ところが、その伝統にそぐわないトランプという人物が登場したので、世界中のメディアが戸惑っているということですね。

メディアに捏造された「アメリカ史」

馬渕　今回のトランプ現象もそうですが、いま世界で起こっていることを理解するには、アメリカがいったいどういう国かということを知っておかなければなりません。ところが、メディアは、いま髙山さんがおっしゃったアメリカ史などについて、ほとんど報道しないわけですよ。

アメリカ史というのは今日のアメリカを理解する上でもちろん必要で、その重要なポイントはメディアの歴史だろうと思います。

そこで、髙山さんがせっかくアメリカのホワイトハウスとメディアとの関係を話してくださったので気づいたことを申し上げると、1830年代のアンドリュー・ジャクソンの頃、フランスが誇る知識人のアレクシス・ド・トクヴィル（政治思想家・法律家・政治家）という人物が『アメリカの民主主義』という本を著していて、そのなかで彼は「アメリカの民衆は多数の意見を自分の意見のように言っている」と述べているのですが、実はいまもアメリカはこの言葉が当てはまるんですね。

ここで言う「多数の意見」とは何かというとメディアの意見なんです。だからメディアと政治の密接な関係がつくられるにしても、最初からトーマス・ジェファーソンに悪意があったようには思えませんし、むしろ彼は、髙山さんが言われたようなことから推察すれば、メディアを利用することの危険性を熟知していたように思います。

しかし、アンドリュー・ジャクソンは、これとは真逆で自分の政策を遂行するためにメディアを利用したわけですね。

髙山　トーマス・ジェファーソンはメディアの性格というか、本質を知っていたけれど、アンドリュー・ジャクソンは違っていた。

馬渕　アンドリュー・ジャクソンはメディアを利用することを知っていて、自分の政策を遂行したということでしょう。

でもこの頃は、まだ新聞の力はそれほど大きくなく、あくまで政府が主導する形で、政策遂行のために新聞を利用していたのではないでしょうか。

ところが、先ほど高山さんが触れたスペイン戦争、メイン号事件の前あたりからメディアのほうが、政府の政策を先取りするような形で、戦争を主導するようになった。

もちろんそこには、政権がメディアにマッチを擦らせて、それで戦争をするということがあったかもしれません。アメリカのメディアは当時、まだ新聞ですが、この頃からかなり変わってきたのではないかと思います。

アメリカを変質させたユダヤ系移民

馬渕　そしてなぜ変わったかという結論を先に言うと、19世紀の終わりの頃にロシアからユダヤ系移民がたくさんアメリカに入ってきたからなんですね。彼らはなかなかまともな職に就けないとはいえ、次第にメディア、法律、ハリウッドなどの世界に進出していって、やがて各界を、とくに言論界を支配するようになりました。

高山　先ほど話に出たジョーゼフ・ピューリッツァーは、たしかユダヤ人ですよね。

馬渕　ジョーゼフ・ピューリッツァーはハンガリーからのユダヤ系移民です。「ピューリッツァー賞」で知られているとおりジャーナリストの鑑みたいに言われていますが、彼はイエロー・ジャーナリズムを盛んにやった人物です。当時、世界を騒がせた「日清戦争のときに日本軍が旅順で大虐殺をした」という嘘《うそ》の記事を発表したのは、ジョーゼフ・ピューリッツァーのニューヨーク・ワールド紙でした。

従って新聞が、そうした嘘を真実のごとく報道するようになったことを厳密に調べてみて、ユダヤ系移民と結び付くか否かは、大いに興味深いところです。

高山　「旅順大虐殺」をセンセーショナルに報道したのはニューヨーク・ワールド紙の特派員のジェイムズ・クリールマンという人で、これはユダヤ系の名前ですよね。

馬渕　そうですね。いまのアメリカも日本も、テレビも含めて世界中のメディアをユダヤ系が支配しているので、なかなか嘘を真実のごとく彼らが報道しているとは言えないんですね。

アメリカの著名なジャーナリスト、ウォルター・リップマンもユダヤ系です。彼は第1次大戦中、情報将校としてウッドロウ・ウィルソン大統領の広報アドバイザーを務め、アメリカの世論の動向をドイツとの戦争を鼓舞する情報操作を行っていました。その後、彼はジャーナリストに変身し、2度もピューリッツァー賞を受けています。彼のように自分たちの目的のためにメディアを利用する者もいたわけですね。

高山　ピューリッツァーは、イエロー・ジャーナリズムで日本などをめちゃくちゃ叩いておいて、一方ではＵＦＯが飛来したなどといういい加減な記事まで書いています。そして、こうしたことを一応、表向きは恥じて見せた。新聞記者も法律家と同じように教養と知識ある人材が担うべきだと資産の半分を投じてジャーナリスト大学院をコロンビア大学につくり、残りの半分をピューリッツァー賞の基金に当てました。

しかし、まともな記者は育たない。ウォルター・デュランティというニューヨーク・タイムズの記者は、１９３０年代にロシア革命を主導したスターリンを絶賛する記事を書いて、これにピューリッツァー賞が与えられたことがありました。

すると２００５年に、ウクライナ人のグループがマンハッタンのニューヨーク・タイムズ本社前に押しかけ、スターリンの失政で１９３２〜１９３３年のあいだにウクライナで何百万人も死んだ飢餓騒ぎをデュランティは嘘だと否定した。そんな恥ずべき記者への賞は取り消せと訴えたのですが、ピューリッツァー賞選考委員会は取り消さなかった。

つまり、スターリンのコミュニズムの宣伝役をニューヨーク・タイムズは、かねてから担っていたわけです。

馬渕　そうですね。非常にいまのご指摘は重要で、そうなるとロシア革命はいったい何だったのかということになりますね。ロシア革命は素晴らしい人民革命であると、メディアは真実を歪《ゆが》めて報道したんですからね。

それに当時、スターリンが第32代合衆国大統領フランクリン・デラノ・ルーズベルトを巧みに操っていたという話がありますが、近現代史の学者なども、あまりこうしたことに触れようとしません。

ルーズベルトはユダヤ系側近に操られていてスターリンに対する警戒感が希薄で、彼の政権内にはソ連のスパイが約300名もいたことが1995年に発表されたヴェノナ文書（ソ連の暗号を解読した文献）で公表されています。

政府批判が新聞の役割だとGHQに刷り込まれた日本人

髙山　そこで思い出されるのが、1921～1922年にかけて行われたワシントン軍縮会議における海軍軍縮会議です。

この会議は第29代合衆国大統領ウォレン・ガマリエル・ハーディングによって招聘《しょうへい》され、米・英・日・仏・伊の5カ国が参加して、主力戦艦の保有比率の交渉が行われました。

この交渉で米5、英5、日3、仏1・75、伊1・75の比率にするということで落ち着こうとしたときに、米国は日英同盟があるから英5、日3で計8になるから、米8でバランスが取れると横車を押してきた。この比率がいやなら日英同盟をやめろと日本に突きつけました。

8という比率は日本の約3倍です。米戦艦の一部を大西洋側に置いたとしても約2倍の米海軍力が太平洋に置かれることになる。そんなめちゃくちゃな理屈はない。でも、米国は日英同盟がある以上、米8は譲れないと脅かした。その狙《ねら》いは日英同盟の破棄と日本を白人クラブから追い出し孤立させることだったわけです。

結局、日本側の全権委員を務めていた幣原喜重郎《しではらきじゅうろう》（戦後、吉田茂の後押しで内閣総理大臣に就任した）という能なしが、これをのんで日英同盟は解消させられるのですが、この会議に首席随員として同行していた加藤寛治《かとうひろはる》海軍中将（当時）が、後に「ワシントン軍縮会議の思い出」という一文を残しています。

彼はこのなかで、「米国のジャーナリズムは米国政府側に立って大いに喧伝《けんでん》するが、わが日本の陣容はまったくなっておらず、日本の新聞は国益を考えずただ政府批判に堕し、むしろ米国側に与《くみ》するような報道をしている」と書いています。

馬渕　それは非常に興味深い指摘ですね。現在の日本のメディアをはじめ、知識人の反応も同じですね。アメリカでメディアを支配している人たちの言い分が、たとえアメリカの政治の現実に反していても、それを新聞がはやし立て、それをまた日本の新聞がそうだそうだと言っていたわけですね。

髙山　いまも昔もまったく同じですね。新聞というものは、権力を握る者を批判するのが役割だというように思い込んでいる。戦後はＧＨＱがそうだ、そうだ、政府批判こそ新聞の役割だと推し立てたんですよ。

馬渕　アメリカがそうしているのだから他国もそうしろと。アメリカのメディアとはこういうものだと。アメリカではあたかもメディアが率先して政府を批判しているのだということを喧伝するわけですね。でも、それは政府、つまりホワイトハウスの意向が自分たちの意に反するからやるわけで、たとえば、１９７２年に起きたウォーターゲート事件がそうですね。

髙山　もっと端的に言えば政権が共和党だとやるんですよ。

馬渕　そうそう、共和党だとそうですね。ウォーターゲート事件はまさにそれで、現職大統領のリチャード・ニクソン（共和党）があんな盗聴を命令したなどということは、常識的にありえない話です。

　１９７２年の大統領選挙なんて、あんな左翼かぶれしたジョージ・マクガヴァン（民主党）が対立候補として出てきたからニクソンが楽勝だったわけですよ。誰がみても楽勝で、なにも民主党の本部に盗聴器を仕掛けて選挙戦略を練る必要もなかったのに、メディアがあたかもそれを事実のように報道するとみな信じてしまうわけです。

髙山　それも、もう針小棒大にね。関係のないことでニクソンを引きずり落とした。

馬渕　私は、そのようにアメリカのメディアが変質したのは、先ほど髙山さんがおっしゃっていたメイン号事件あたりからで、結局、ユダヤ系移民がメディアを握り始めたところからアメリカのメディアの変質が強まっていったと思います。

そして、大統領の取り巻きになったのもはっきり言えばユダヤ系で、対日戦争を仕掛けたフランクリン・デラノ・ルーズベルトの取り巻きのハリー・ホプキンス補佐官やヘンリー・モーゲンソー財務長官などもユダヤ系だった。

つまり、これらユダヤ系の取り巻きは共産主義者なんですよね。共産主義者がウィルソン大統領の取り巻きでもあり、ルーズベルトの取り巻きでもあった。だからロシア革命を擁護し、スターリンと組んだわけですよ。

ところが、これをどのように世界に説明するかというと、歴史学者なりメディアが説明を担っていて、たとえばヒトラーは人類最悪の敵であると、だからスターリンと組んだのだと、そこのどこが悪いのかということで、ずっとやってきた。しかも、これに異を唱える人に対して、メディアは歴史修正主義者というラベルを貼った。

そのようにして今回のトランプまできたのだけれど、アメリカのメディアは最初から彼を馬鹿で無能だと言って、引きずり落とそうとしたにもかかわらず、ついに従来の彼らのロジックが通用しなくなった。蓋《ふた》を開けたら何のことはないトランプ新大統領誕生となったわけです。

アメリカは戦争で大儲けしてきた

髙山　ホワイトハウスとメディアはいったい何を望んでいたかというと、これは他の国にはまったく当てはまらないことで、アメリカの場合は戦争が金になる、富になるわけです。インディアン戦争も、米西戦争も全部そうです。私は第１次大戦もそうだったと思っていますが、対日戦争にしてもアメリカは戦争によって潤った。大儲《おおもう》けしてきたんですよ。

もう１つ、アメリカが儲けたものにアスピリンがありますが、これも戦争掠奪品です。ドイツのバイエル社という製薬会社がアスピリンをつくっていたのですが、第１次大戦後、アメリカはアメリカ国内でのアスピリンの製造権を取ってしまった。ずっとアメリカのコダック社が持っていたはずです。それをバイエル社が20世紀末頃になって、ようやくバイエルの社名ともどもも買い戻したという経緯があります。

日本の小麦の農林10号という多収穫系で倒れにくい優れた品種も、ＧＨＱの農業顧問が日本からアメリカに持ち帰って、これでノーベル平和賞を取り、いわゆるグリーンレボリューション（緑の革命）の発端としている。そういう金になるものは何でも盗んで行ってしまったわけです。

ところが、ベトナム戦争から戦争は儲からなくなりました。

しかし、アメリカ政府もメディアも、でも戦争は儲かる、不景気になったら戦争をすればいいという考えが、頭から離れなかった。アメリカ人にはそうしたDNAが備わっているのでしょうかね。

アメリカはベトナム戦争後も懲りずに戦争をして、アフガニスタンで2300名以上、イラクで4400名以上の戦死者を出しているにもかかわらず、まったく儲からなくなってしまい、これを機に戦争をやれば儲かると思っていた政府とメディア、さらには世相に反省の気運がようやく顕れてきたというのは、特筆すべき変化です。戦争で儲かっている限り、アメリカ人には何の反省もなかったでしょう。

馬渕　ベトナム戦争以降、戦争が儲からなくなった理由は何でしょうか?

髙山　アメリカの戦争はだいたいが代理戦争です。インディアン同士を戦わせて、残ったのを倒す。対日戦争も半分は支那人にやらせた。しかしベトナム戦争は最初から白人が出た戦争でこれが国内的に大いなる負担になった。5万5000名も死なして、それが国内に悪い影響をおよぼした。アメリカ経済は鈍化しました。この戦争が代理戦争だったら、誰か他国にやらせていたらアメリカはベトナムから撤退しなかったでしょう。

しかし、自国民を使う戦争であまりにも戦費がかかってアメリカ経済を圧迫したのと、反戦運動が激化したこともあって、当時の合衆国大統領リチャード・ニクソンは1973年1月29日、米国民に向けて「ベトナム戦争の終結」を宣言しました。

以降、アメリカはアフガニスタン、湾岸、イラクなどで戦争を繰り返しましたが、どの戦争も自国軍兵士を使うという形は変わらなかったから儲からなかった。戦争しても儲からない時代になったことをアメリカはようやく悟り、第44代合衆国大統領バラク・オバマは2016年1月、議会における一般教書演説で、アメリカは世界の警察を辞退する旨発表しました。また、こうした流れが今回のトランプ現象の背景にあると思います。

戦争が儲からなくなり訴訟で稼ぐようになったアメリカ

高山　戦争からちょっと話題がずれますが、戦争以外に儲けるアメリカの手段と言えば訴訟です。

1973年を境にアメリカ経済は下降線をたどり、ビル・クリントン政権時代に金融ブームで一時的に経済が盛り上がったとはいえ、なかなかアメリカは儲かる方法が見出せずにいました。そこでクリントン政権が手をつけたのが海外企業に対する訴訟攻勢です。

三菱自動車工業傘下の米国三菱自動車製造、ペンタックス、東芝などの日本企業、ドイツのアウディも訴訟のターゲットになりました。

私は当時、ロサンゼルス駐在特派員でした。そのとき、すさまじい勢いで日本やドイツの企業を訴えて、汚い訴訟で金をゆする手口を見て驚かされました。

その1つ、1996年の米国三菱自動車製造のセクハラ疑惑に対する訴訟は、本当に汚かった。あのとき、私はイリノイ州のシカゴから200㎞離れたノーマルシティにある同社の工場に取材に行って、最初に驚いたのがシカゴにいる日本の特派員は誰もノーマルシティに行かなかった。私が初めての日本の取材記者だったのです。

あの折り、取材に応じてくれた米国三菱自動車製造の大井上部長から、生産ラインの工員を募集したところ半分が大学卒で、なかには大学教授がいたという話を聞きました。大学教授を組み立てライン工として採用するわけにはいかないので、彼は事務職にこの教授を就かせた。そういう心配りのせいか、工場内はもちろん地元の同社に対する好感度も上がったそうです。にもかかわらず、いきなり集団訴訟を起こされたから、まともじゃないと思ったとも言っておられました。

肝心のセクハラ疑惑は米政府機関EEOCが最初から最後まででっち上げたものでクリントン大統領はその訴訟のために日本人顔をしたポール・イガサキという三世を雇い入れて、「日本は伝統的に女を見下し、セクハラは自由なのだ」と告発した。このときも新聞と連携し、日本をセクハラ国家と書き立てた。結局、三菱は勝ち目がないとして和解に応じ、総額3400万ドル（約49億円）を脅し取られました。

馬渕　ただ儲けるために汚い手を使ってでも訴訟を起こすのは、やはり契約社会と言われるアメリカならではのことですね。

髙山　その通りです。1999年に東芝が、ノートブックパソコンのフロッピーディスクコントローラーに不備があり、データが壊れてしまう可能性があると訴えられて、米国内の同社製パソコンの所有者に1100億円を支払うことで和解していますが、最初に提示された賠償請求額1兆円という金額には開いた口が塞《ふさ》がりません。

東芝は当初、この提訴に対して、それまで全世界でデータ破壊につながる事故はなく、1件も苦情が報告されていないことなどを理由として争っていました。

しかし、アメリカには被害発生の可能性があればその法的救済を求められる建て前があり、訴訟の弁護士ウェイン・リオはクリントン政権（当時）への大口政治献金者で、訴訟場所が反日気運の強いテキサス州ビューモントということもあって、最初からまともな話は通じなかった。こうした集団訴訟のケースでは巨額の賠償額が出される可能性が大きくて不条理な和解で応じました。このときも日本の新聞はどこも東芝のために弁護しなかった。奇異を通りこして異常に見えました。

ベトナム戦争でなぜアメリカはソ連に300億ドルも融資したのか？

髙山　アメリカという国は、戦争をするか訴訟をするかしか能がないのか、それで経済が安定したり少し持ち直したりした時期がありましたが、これまでを顧みると、ベトナム戦争から撤退した1973年からずっと40年余り下り坂です。

馬渕　ベトナム戦争以降、アメリカが儲からなくなったというのは事実でしょうね。

ベトナム戦争を振り返って私が不思議に思うのは、この戦争が最も激しさを増した1966年にアメリカがソ連を主な対象として300億ドル（50年前の1ドル360円換算で10兆8000億円）もの巨額を融資していることです。

これは常識的に考えればありえないことです。北ベトナムを支援していたのはソ連ですから、事実上ソ連はアメリカの敵国です。そのソ連に300億ドルも貸して、表向きはそれでアメリカから非戦略物資を買えと……。

しかし、実際にソ連が買ったのはトラクター、石油、飛行機の部品などで、戦略物資を買っているわけですから、要は、そのようにしてアメリカがベトナム戦争を長引かせたという側面もあるんです。

おそらく第2次世界大戦、あるいは朝鮮戦争まで、髙山さんがおっしゃったようにアメリカは儲かったと言えるでしょう。でも、その後は儲からなかったというよりも一部の人だけが儲けた。つまり逆に言えば、アメリカのほとんどの国民には戦争による利益がもたらされなかったということです。

そしてベトナム戦争を機にアメリカの社会は荒廃していきました。ベトナムからの帰還兵が麻薬を持ち込んだり、反戦運動が流行ったりして、アメリカのあちこちで戦争反対の気運が高まりました。

従って、ベトナム戦争以降、アメリカは戦争するにしても従来のような総力戦ができなくなってしまい、やろうとしても湾岸戦争のように有志連合を牽引《けんいん》する形で、これをまたメディアが持ち上げました。

２００１年のアメリカ同時多発テロを契機に、アメリカが積極的に介入したアフガニスタン戦争もそうです。アメリカは弱いアフガニスタンをしゃかりきになって叩く必要はないのに、火力にものをいわせて爆撃を繰り返しました。でも、政権は交代させたものの、いまだにタリバンは活動しているわけですから、アメリカはアフガニスタンで勝利したとは言えません。

髙山　２００３年に勃発したイラク戦争もやらなくていい戦争だった。ＣＮＮにけしかけられ、９・11の仇を取るという名分で始めました。

馬渕　それ以降は２０１０年12月に始まったチュニジアのジャスミン革命から、いわゆる

「アラブの春」がアラブ世界に波及し、エジプトやリビアの政権が倒れ、シリアは内戦状態に陥りました。

そこでアメリカはサウジアラビア、トルコと有志連合を組んで、シリアのアサド政権と対峙する反政府勢力を支援し始めたわけです。

しかし、オバマ大統領はアサド政権の政府軍が大量化学兵器を使用しているという報告をきっかけにシリア政府軍を空爆すると表明しましたが、イギリス議会の反対などもあって撤回しました。その後、過激派テロ集団であるイスラム国（ＩＳ）が勃興してきたため反政府勢力とアサド政府軍に対峙するＩＳを対象とする軍事介入を決意し、無人機などによる空爆を開始しました。

そこに２０１５年秋から、アサド政権を支持するロシアが介入し、ＩＳ拠点を徹底的に空爆したためＩＳはたちまち追いつめられましたが、その空爆によって多くのシリア国民が犠牲になっていると世界中のメディアなどから非難されました。

２０１６年2月、アメリカとロシアはシリアにおける停戦で合意し、翌3月、ロシア軍は突然シリアから撤退し始め、その後、この停戦合意を完全に履行させるために、仲介役のロシア、トルコ、イランによる停戦監視の仕組みが立ち上がることになり、5年間で25万人もの犠牲者を出した内戦に、ついに終止符が打たれようとしています。

ただし、この5年間もそうですが、政府軍とISと反政府勢力との攻防が依然として続いているために、「シリア難民」という大きな問題が起きていることは、周知のとおりです。

トランプvs.CNN

馬渕　先ほどメディアと政権の関係について触れましたけれど、その両者の歴史を振り返ってみると、メディアと政権は、よく言えば連携、悪く言えばつるんできたわけで、その関係を保ちつつ、アメリカは国際干渉主義のもとに戦争をやってきたんですね。

しかし、ついにそのパターンが今回、トランプ現象によって崩れたと思いますし、そうした意味では、私は、この新大統領の登場はアメリカ国民のためにはよかったように思いますね。

髙山　メディアとトランプの関係で象徴的だったのは、彼がニューヨークのトランプタワーで大統領選後初の記者会見に臨んだときのメディアとのやり取りです。

その質疑応答中、彼に対して批判的な報道してきたCNNの記者が質問した際、この記者の質問をさえぎり、彼は「あなたはだめだ。あなたの組織はひどい。だまりなさい。あちらの人が質問しているんだ。礼儀をわきまえなさい」と言い、それでも質問を続けるこの記者に対して「あなたには質問させない。あなた（が言うの）は虚偽ニュースだ」などと言っています。

私が現役の新聞記者だった頃、CNNといえば、あの女性看板記者のクリスティアーヌ・アマンプールですよ。表向きはテヘラン生まれのイラン人ということになっていますが、イスラム教徒ではない。

アマンプールは女性でありながら、体当たり取材で数々の戦場を取材して名をはせたジャーナリストで、自分の名をつけた「Amanpour」という番組まで持っていました。ちなみに彼女は、その後ABCに移っています。

あの頃はボスニア・ヘルツェゴビナ紛争もあったし、湾岸戦争、イラク、アフガニスタン、パレスチナ、パキスタン、ソマリア、ルアンダなど、彼女はありとあらゆる戦場に出かけて行って、たちまち売れっ子になった。同時にそれはCNNも大いに売れた。この例でもわかるように戦争は新聞テレビの部数を伸ばし、視聴率を圧倒的に上げる。アメリカ政府も戦争で国益を伸ばせた。政府に有利になるような報道を展開していたわけですから、相互に戦争による恩恵を共有していたんです。

馬渕　おっしゃるとおりCNNとトランプの言い合いは興味深かったですね。
我々は何となくCNNの日本語版を見たりして、アマンプールはすごいジャーナリストだなと思っていましたが、なぜ彼女が戦場で無事に報道できていたのか、その理由というか背景を考えてみる必要がありますね。

それは彼女が安全なところで報道活動できるように、アメリカ政府がちゃんとバックアップしていたからで、言うならば、彼女はアメリカ政府の駒《こま》として利用されているのを承知の上で、取材地域に出向いていたということです。

それを日本の能天気なフリージャーナリストが、我も我もと戦場に赴いて、人質になったり亡くなったりしているわけですが、単独で危険な紛争地域を報道するのは危険極まりないですし、日本のメディアが自社の記者を派遣するよりもフリージャーナリストに依存し過ぎているのも問題です。

戦場でジャーナリストが標的にされる本当の理由

髙山　私はイラン・イラク戦争時代にテヘランに駐在していて、戦場に2泊3日ぐらいで6回も最前線に行きました。迫撃砲に狙われ、ミグ23戦闘機に掃射されたりしたこともあって、そういう体験は貴重でしたが、面白いことに、あの頃からジャーナリストが標的になっていったんです。
彼らは、戦争を商売にしているのはCNNなどを背負っている西側ジャーナリズムだと知っているんですよ。以前は結構大丈夫だった時代があったのですが、ボスニア紛争あたりから報道関係者に対する狙撃が極端に多くなったと思います。

それに、新聞記者や報道カメラマンなどのジャーナリストを狙ったほうが、より報道効果が得られるというか、世界に訴えるアピール力が高まるからなんですね。兵隊を100人殺害するよりも、ジャーナリストを1人殺害するほうがメディアは大騒ぎします。

こういう傾向が強まってきたときにアマンプールが出てきたので、同じ記者として、この女性はすごいなと非常にびっくりしましたね。

馬渕　私はアマンプールについて細かいところまで承知しているわけではありませんが、なぜ彼女が危険なところに行って、安全に過ごせたかということはちゃんと検証すべきだと思いますね。

髙山　あのAmanpourというスペルから判断すると、どこの人なんでしょう。イランでないことは確かですね。だいたいクリスティアーヌという名前からして違います。

馬渕　他にもアメリカにはよく知られているユダヤ系の女性キャスターがいます。だからユダヤ系の人が悪いというのではなく、こういうことはなかなか表立って日本の新聞も言えないでしょうが、ユダヤ系がメディアを握っているのは事実ですから、アメリカのメディアがどのような報道をするか、その意図をよく見極める必要があると思いますね。

髙山　でも、まぁユダヤ系とは声高に言えませんから、難しい表現になってしまいますね。

馬渕　たしかに誤解があって、もっと細かく言えば○○系ユダヤ人などという話になってしまうんですが、でもニューヨーク・タイムズにしてもワシントン・ポストにしてもユダヤ系であって……。

髙山　グローバリスト（世界的規模で活躍する国際人）ということですかね？

馬渕　そうですね。実際、私もニューヨークにいた頃、ニューヨーク・タイムズ社の上からずーっと調べてみたら幹部はみなユダヤ系でしたし、グローバリストという呼び方はオブラートに包むことになりますが、ユダヤ系の人にはグローバリストという言い方のほうがスッとくるでしょうね。

もともと彼らは地球全部が相手で、わが家なんだという発想のある人たちですから、生まれたときからグローバリストなんですよ。

彼らの同胞が政治家になり、財界人、学者になり、評論家やジャーナリスト等々になり、アメリカ社会においては絶大な権力を握っていて、言論の自由などといっても彼らの世界観に従ってジャーナリストも活動しているわけですから、彼らが気に入らなければ、ウォーターゲート事件に代表されるように、たとえ現職の大統領であろうと引きずり下ろしてしまいます。

私は以前から、これがアメリカの恥部と言いますか、性《さが》として存在しているように思います。

アイゼンハワーの功績、ルーズベルトの大罪

高山　そういえばアイゼンハワーのような軍人が共和党から第34代合衆国大統領になっています。あのとき（1956年10月）、ハンガリー動乱が勃発しましたが、アメリカは手を出さなかったんですね。すると、それは酷いんじゃないかと、新聞は彼を徹底的に叩きました。新聞界は戦争をやりたかった連中がたくさんいたわけです。

馬渕　そうハンガリー動乱のときでした。もう1つはエジプトとイスラエル・イギリス・フランスの3カ国連合軍とのあいだで起きたスエズ動乱（1956～1957年）のときですよ。このときもアイゼンハワーは酷く叩かれましたね。

彼は連合軍に対して、「お前たちは兵を引け」と言った。つまりエジプト側に立っちゃったわけですよ。まさか3カ国連合軍は、アメリカがソ連製兵器を使っているエジプト側に味方するとは思わなかったでしょうね。結果はアメリカの介入で停戦合意となって、スエズから3カ国連合軍は撤退しました。

アイゼンハワーという人は、あまり有能な人とは思えないのですが、ただ、彼が最後の大統領演説で軍産複合体の危険を指摘したことは評価してもいいでしょうね。しかも、そ

れまで言えなかったことを任期の最後に言ったところがミソで、要はアイゼンハワーもずっと軍産複合体の影響下にあったと言えるわけです。

高山 彼はそれを一番嫌っていたんじゃないでしょうか。たとえばハンガリー動乱に手を出さなかったことを考えると、アメリカ大統領として、もう勝てない戦争はやらないというようなところがあったように思うんです。

そのわりに悪評が多くて、彼についてよく知られているのがゴルフを2期（8年）のあいだに800回もやったという話です。800回ということは1年に100回やったということです。

馬渕 3日に1回はやっていたということですね。

高山 ホワイトハウスにグリーンをつくったり、地下に練習場をつくったそうです。けれど、ゴルフの話はともかくとして、私は、彼にも評価できるところがあると思っています。

戦後、彼が東海岸から西海岸まで行ったときに、車で2カ月もかかったことから、こんなことで国の防衛ができるのかと言ってインターステート・ハイウェイ（全米州間高速道路網）をつくらせたそうで、このハイウェイには彼の名前が付けられています。

馬渕 ルート66とは違うハイウェイですね。

高山 ルート66は1985年に廃線になっていて、これに代わるのがインターステート・

ハイウェイです。このハイウェイのおかげでどれだけアメリカが豊かになったか計りしれません。下手すれば戦後、不景気に見舞われかねないときに、あれほどのインフラ整備を実行に導いた彼の功績は大きいですね。習近平《しゅうきんぺい》がいま道路ばかり造っているのと似ていますけど（笑）。だから、やはり頭は切れたんだと思います。

それに、このままでは日本が潰《つぶ》れてしまうからと、世界銀行からの融資を認めた。おかげで、新幹線も東名高速もできて、東京五輪を開催できるようになりました。アイゼンハワーがいなければ今日の日本はなかったわけです。

アイゼンハワーの話のついでに、ここでフランクリン・ルーズベルトの話をすると、私はルーズベルトは日本をあなどっていたと思うんですよ。

真珠湾攻撃を契機にルーズベルトは日本を1カ月で潰すつもりでしたが、日本は優秀なゼロ戦も持っていれば、強力な艦隊も持っていた。気づいたときには英国の超々弩級戦艦プリンス・オブ・ウェールズも沈められてしまった。

ルーズベルトが日本をやっつけようと思ったもともとのきっかけは、日本の仏印進駐でした。フランスなど欧州諸国の植民地に日本が入って行くことになれば、アジアの植民地体系に悪影響がおよぶと戦々恐々としたわけです。

同じ肌の色をした日本人が堂々と欧州諸国とわたりあっているのを見て、おとなしくしているインドネシア、ビルマ、ベトナムなどの人たちが触発されたら困る、白人国家を支える植民地帝国主義は潰せないとなって米国は結局、日本と戦うことを選んだ。日本を開戦に踏みきらせたハル・ノートの書き出しは「日本は仏印、支那から出ていけ」です。仏印進駐を日本人は軽く考えてますが、実は白人帝国主義の根幹を揺るがすとんでもない暴挙と彼らは受け止めていた証左です。しかし、開戦させたら逆に叩かれて撃沈してしまい、仏印だけでなく東南アジアのほぼ全域を獲られてしまった。

これはアメリカの大いなる誤算であったから、私は、たぶんマーシャル・プラン（第2次世界大戦で被災した欧州諸国のためにアメリカが推進した復興援助計画）は植民地を失った欧州諸国への償いだったと思います。欧州諸国の植民地を全部パーにしてしまったという責任をルーズベルトは痛感し、子分の国務長官ジョージ・マーシャルにこの計画を遂行させたのでしょう。

馬渕　そうですね。マーシャル・プランというのは、東西冷戦開始のときに西欧諸国の共産化を防ぐ目的だったと言われていますが、ソ連のグロムイコ外相は回想録（『グロムイコ回想録』読売新聞社）のなかでマーシャル・プランをさほど批判していないのが不思議です。

高山　それをひっくり返したのがアイゼンハワーで、朝鮮戦争への対処もあったにせよ、彼は日本を潰すわけにはいかないということで日本の建て直しを図りました。そして現在、日米安保は上手く機能していないという声があるにしても、日米安保があるのとないのではまったく世のなかの様子が変わっていたはずです。

従って私は、アイゼンハワーという人は相当したたかだったと思うんですが、彼が少し渋ったのが日本の原子力発電でした。

しかし、日本にもそれなりの人材がいて、当時の読売新聞社社主・正力松太郎《しょうりきまつたろう》がイギリスのコルダーホール型原発をさっさと導入した。アメリカは日本が核開発するのを恐れていた。なぜなら日本には米国に対して2発の核の報復権を持っています。少なくともアメリカ人はそう思っている。ところが、アメリカは禁じても裏口から英国が原子力研究の場を日本に与えた。

困ったアメリカは日本の原子力をアメリカのコントロール下に置くため急遽《きゅうきょ》ＧＥとウエスチングハウスの軽水炉を日本に提供し、併せてアメリカが日本の原子力研究をコントロールするシステムをつくったんです。

あの時代、日本が原子力発電を推進することに少々戸惑いがあったにせよ、アイゼンハワーだから、それが可能だったと思います。

アイゼンハワーのあとの共和党大統領は第37代のニクソンです。ベトナム戦争でつまずいていたニクソンが善意か悪意かわかりませんが沖縄返還協定（１９７１年）に調印し、翌１９７２年5月に沖縄の日本復帰が実現しました。

沖縄はいま、妙な外国人が入って荒れていますが、それは措《お》いて、戦争で取られた領土を平和裏に取り返させたのは共和党のニクソンのおかげだったと言えます。ちなみにベトナムからアメリカ軍が全面撤退したのは、沖縄返還が実現したときの翌１９７３年３月のことでした。

大統領候補を決めるのは国民ではなくキングメーカー

髙山　同じ共和党の大統領でも、アイゼンハワー、ニクソンなどと比較して思い起こされるのが、ジャーナリズムとくっ付いて、あちこちで戦争をやりまくっていた第43代のジョージ・ウォーカー・ブッシュですが、総じて共和党大統領の対日姿勢は良好だったと言えるので、共和党のトランプ新大統領登場というのは、日本にとって悪い流れにはならないような気もします。

馬渕　おっしゃるとおり、戦後のアメリカ大統領の共和党大統領と民主党大統領を比較すると、日本にとっては、どちらかと言えば共和党の大統領のほうが付き合いやすかったというか、面倒をみてもらったという印象がありますね。

アメリカの大統領はどのようにして誰が選んでいるかというと、アメリカの国民が４年に1度の選挙で選ぶことになっているけれども、それは選ばれた大統領候補の2人のうちの1人を選ぶに過ぎないのであって、それ以前に、では大統領候補を誰が選ぶのかということがあります。

一応形式的には民主党員と共和党員がそれぞれ候補者を選ぶのだけれども、単に民主党員と共和党員の人気投票で決まるわけではなくて、当然、そこには伝統的なキングメーカーの意志が必ず働くわけで、今回繰り広げられた大統領選もそうだったはずです。

私は、当初からさまざまな物議を醸していたトランプのような人が共和党からの大統領候補として選ばれたこと自体、まず驚きでした。

でもそうなれたわけで、これにはいろいろな憶測が伴うものの、たとえばニクソンとフォード両大統領を支えた元国務長官のキッシンジャー、ブッシュ親子を支えたディック・チェイニー元国防長官・元副大統領あたりにきちんと仁義を切って、それでトランプは出馬できるようになったのではないかと思います。実際、トランプはキッシンジャーに会っているわけですし。

多かれ少なかれ、こうしたキングメーカーに仁義を切って、よろしくというような話は表に出てこないけれど、かつての共和党政権の重鎮の後押しがなければ、トランプは大統領候補として出馬できなかっただろうと思います。

もちろん民主党候補のヒラリーもキッシンジャーに会っているわけで、トランプを共和党候補として認めたとしても、共和党側のキングメーカーたちでさえヒラリー・クリントンで決着すると思っていたかもしれませんね。

髙山　やはり今回のことは、メディアが何と言おうとアメリカ国民がいままでの政治では嫌だという意思の顕れだと思うんですね。

それをメディアが読めなかったというか、少しだけメディアに厳しい言い方をすれば、彼らは、自分たちがヒラリーを押せば必ずヒラリーが当選すると、甘く見ていたふしがあると思うんですね。

もっと言えば戦後の大統領選を振り返ってみると一部を除いて、オバマがなろうとマケインがなろうとどちらでもよかったし、その前のブッシュとゴアのときも、どちらでもよかった。キングメーカーから見てもどちらでもよかったかもしれない。

従って、アメリカの国民はそのどちらでもいい人のどちらかを選べと言われてきたに過ぎないことになるのですが、そうだとしても本当のことなどメディアも、もちろん知識人も立場上なかなか言えないわけですよ。なぜなら、アメリカの民主主義が茶番になってしまうからなんですね。

「キューバ人よりもアメリカ人は郷土愛が希薄」

馬渕　私もアメリカの大統領選については、そうした要素は決して否定できないと思っていますし、その辺を日本のメディアは正面から捉え切れていないでしょう。

ところで、グローバリズムについて議論するときに必ず問題になるのが、反トランプの人たち、イギリスのＥＵ残留派の人たちが戦後の秩序が重要だと言っていることです。しかし、戦後の秩序は何かというと、実はアメリカが好き勝手に戦争をしてきたことによる秩序なんですね。

この部分をないがしろにして法の支配とか自由とか、あるいは民主主義をアメリカが主導してきたので、これに則って国際秩序を守るべきだとアメリカは言ってきたわけですが、それは１００％嘘ではないけれどほんの一側面に過ぎません。

だから戦後の秩序を守れ守れと、いまの日本のメディアもみんなそれが当然のことのように思っているふしがありますが、これはあえて重要なことを見過ごしているのか、知らずにいるのか、髙山さんの忌憚《きたん》のないご意見を伺いたいのですが。

髙山　この前、アメリカがキューバに対する長年のいやがらせ、経済制裁を解除したときに、ユダヤ系のデビット・ブルックスというジャーナリストが、ニューヨーク・タイムズにキューバについてコラムを寄稿していました。

キューバの人が羨《うらや》ましいとまでは書いていなかったのですが、「彼らの同胞愛というか郷土愛、キューバを愛する心はアメリカ人が持ち合わせていないもので、アメリカ人はもっと淡泊だ」と書かれていました。

キューバはスペインが侵略してインディオを強姦し、メスチソ（スペイン系白人とインディオの混血）ができて、それから連れてこられた生粋の黒人もいれば、白人と黒人、メスチソと黒人の混血などもいるというように、もうめちゃくちゃな、ほとんどが奴隷階層の人ばかりで、しかもキューバが故郷でない人たちです。しかし、あれだけキューバを愛して、マリアッチなんかを楽しげにやっている。

それにアメリカなどから厳しい経済制裁を受けながら、それでも悲観することもなく60年代のアメ車なんかを動かしていたりして、エネルギッシュですごくいい国に思えますし、あの人種的に故郷を失った人たちが郷土愛を育んでいる様子を見ると、とても不思議に感じます。

こういうキューバ人と比べてアメリカ人のほうは、保守的な南部や西部などにはそういう人がいるかもしれませんが、彼らから郷土愛を感じることはほとんどありませんね。

私がロサンゼルスにいた頃、隣の家にいきなりニューヨークから家族が移り住んできたかと思うと、その向こう隣の家にいた家族が急に外国に行っているとか、定住性も何もない感じでした。

あるとき、バハ・カリフォルニア（メキシコ領カリフォルニア半島）南端のサンルカスという避暑地に行ったんですが、そこで知り合った人にどこからきたか尋ねると、「シアトルからクルマで」と言うので、その所要時間を聞くと、「いや、たいしたことないよ」という返事が返ってきたので、驚いたことがあります。

カリフォルニア州よりはるか北に位置するオレゴン州のシアトルからバハ・カリフォルニア南端のサンルカスまでは、おそらく3000km近くはあるでしょう。

この人のように長距離移動を厭《いと》わないで、広大なアメリカを漂流している人を結構見かけました。こういう人たちは何をウロウロしているんだろうかと、よく思ったものです。

だからデビット・ブルックス氏の「キューバ人に比べてアメリカ人は郷土愛が希薄だ」という主旨のコラムを読んで、なるほどなという感じを受けたわけです。

言葉は文化

髙山　それでふと思ったんですが、ロスみたいな都市部と違って今回の大統領選挙で決め手となったラストベルト（錆びついた工業地帯）という言葉から、アメリカの中西部から北東部に位置する鉄鋼・石炭・自動車などの主要産業の衰退ぶりがうかがえるのですが、こうした地域（ミシガン・オハイオ・ウィスコンシン・ペンシルベニア州など）にいる人たちは少し違う。親子何代も同じところに住んで同じ企業で働き、ようやく郷土意識を持ってきているように思います。

先ほど触れた米国三菱自動車製造の地元、イリノイ州のノーマルシティはドイツからの移民が多い地域ですし、ミネソタ州はスウェーデンなどの北欧系、ルイジアナ州のニューオリンズ周辺はフランス系というように、アメリカ各地には移民のコミュニティが形成されていて、これが何世代も続いてきたことによって自然に郷土意識が強まってきているようにも感じています。

郷土意識に関係する話として、私がタイに行っていたときに遭遇した「5月流血事件」（1992年5月）について付け加えますと、これは前陸軍司令官のスチンダ首相（前年2月のクーデターの中心人物）の退陣を求める大規模なデモ集会が首都バンコクで開かれ、軍隊が発砲して多数の死傷者を出した事件です。

5月20日にプミポン国王が事態の収拾に乗り出して、スチンダは辞任。国軍は政治からの撤退を余儀なくされています。

その流血騒ぎに出食わしていろいろ取材をしてみました。スチンダは中国をバックに華僑の意図で動いているコンチン（中国系タイ人）で、これに対しタイ国内にはコンチンに反発するコンタイ（王室を中心とするタイ人）が反発しましたが、このコンタイに何代も住みついた華僑《かきょう》が加わったんです。そして反スチンダデモに立ち上がった半分以上は、驚いたことにそういう華僑だというんです。

プミポン国王は華僑に中国語を使うな、中国語の看板も出すなと指示したといいますが、普段からずっとタイ語ばかりしゃべっていると、言葉は文化です。華僑でもタイ人になっていくんですね。

そう言われてみれば、華僑は地下鉄工事や高速道路工事には絶対手を出さずに、手近な利益だけを取って、どこかに行ってしまったりするのに、いつしかバンコクのインフラ整備に乗り出すようになったそうですから、ここを故郷にしたいという想いで、あの華僑でさえ土着するものなんだなと感心しましたね。

馬渕　まさにそれは脱グローバリズムへの動きだと思いますし、先ほどおっしゃったユダヤ系ジャーナリストの、キューバの郷土愛を評価するという話も非常に面白いですね。

私は3年間キューバにいたことがあって、あのときキューバ人がキューバに対して非常に強いアイデンティティを持っていることを実感しました。

ところが日本のメディアも含めて、欧米のメディアは先頃亡くなったカストロの人権弾圧のことばかり問題にしていますが、全然違うし、見るべきところを見ていません。

彼らは、物は不足していて不自由だけれど、決して不幸ではないんですよ。お互い心を通い合わせて、必要なものは融通し合いながら彼らなりの幸せな生活をしています。同胞愛ですね。

高山　しかも年寄りも父も母も、全部外国から連れてこられた奴隷人ばかりです。

馬渕　そうですね。生粋のキューバ人はいませんね。全部途絶えてしまっています。いまは、スペイン系白人とサトウキビ畑に連れてこられた黒人、これはアフリカとかジャマイカからですね。あとはその混血。この3つしかいませんしメスチソもいません。

高山　メスチソとの混血もいませんか？

馬渕　若干いるかもしれませんが、メスチソとの混血ももうほとんど統計に出てこないくらいです。ですから大きく分けて3つ。25％がスペイン系白人、25％が黒人、50％が白人と黒人の混血です。

そして、この混血が非常にスポーツに長《た》けていたり、音楽に長けていたりするんですね。とくにキューバ音楽というのは、白人と黒人の文化の融合から生まれた新しい文化として世界中に知れ渡るようになりました。それを私はアフロキューバ文化と言っているんですが、キューバはキューバならではの文化を創造したんです。

ですからキューバ人は非常にプライドが高いんです。自分たちは単なる奴隷じゃない、奴隷の子孫じゃない、新しい文化の担い手だという強い自負があって、キューバ島がそうしたアイデンティティを育んだということでしょう。

ポリティカル・コレクトネスの終焉

髙山　アメリカもアイデンティティが、そろそろ芽生えていい時期ですね。

馬渕　そう、ピューリタン（清教徒）率いるピルグリム・ファーザーズ（巡礼始祖）が、1620年にメイフラワー号で北アメリカに移住したときから、約400年も経っているわけですから、もうそうなってもいい頃ですよ。合衆国建国（1776年）から240年にもなりますし。

ところがアメリカは移民国家だから、移住先を故郷だとはなかなか思えない連中が、どこでも自由に動き回って好きにやっていたわけでしょ。金儲けのことばかり考えて、フラフラしながら金を儲けては自分のポケットに入れて、まるで華僑ですよね、白い華僑。

髙山　白い華僑という言い方は言い得て妙で、いい表現かもしれませんね。

馬渕　でも、ラストベルトにいる人たちは、自分たちの地域がさびれたといってもそうじゃない。彼らには、ここは自分の土地なんだ、我々が生まれ育ったところなんだという気持ちがあるということですね。それに、土地への愛着が生まれてくると、好きにウロウロしている連中とは距離が出てくるでしょう。

髙山 白人低所得労働階級みたいな定義の仕方があったりしますが、ああいった概念はまったく間違っていると思います。人種や宗教の違いでそれぞれにコミュニティを形成している労働者の多様さを十把《じっぱ》一絡《ひとから》げにはできません。インテリの都市郊外居住者（suburban）もそういう定住者に含まれるから、低所得労働者というのは当たらない。

キューバもそうだし、移住先で生きてきて、ここは自分たちの土地なんだ、国なんだという意識を持つようになった人が、少しずつ増えてきた。それが今回の大統領選で顕在化したとも思えます。

馬渕 彼らは大衆、要するにピープルなんですね。ピープルというとポピュリズム（大衆迎合主義）という言葉を連想してしまいますが、そういう意味ではなく、単純に土着しているピープルなんですよ。だから、自分たちで物事を決めていくというのが、アメリカの民主主義の源泉になっているように思います。

たとえば、システムは異なるものの日本も導入するようになった陪審員制度は、アメリカがピープルの国であることの端的な顕れだと言えますね。

アメリカで始まった陪審員制度というのは、人が有罪か無罪かという、そんな重要なことは我々ピープルが決める。だから裁判所は我々ピープルが有罪か無罪か判断したあと、もし有罪だとしたら刑は専門家のあなたたちが計算しろという話なんです。

また、アメリカに移民がどんどん押し寄せて、とくに19世紀の終わりにユダヤ人移民が増えたことでアメリカが大きく変わっていった点は、注目すべきことです。

初めはマイノリティ（社会的少数者）だった彼らが、次第にアメリカの政治・経済、あるいはメディアなどにまで、影響力をおよぼすようになっていきました。

髙山　先ほど私がロサンゼルスにいた頃の話をしましたが、あそこにロサンゼルス・カントリークラブという超名門ゴルフクラブがあって、とにかく色付きの人もユダヤ人も一切入れないクラブとして知られていました。

それでユダヤ人たちはどうしたかというと、ロサンゼルス・カントリークラブの先の丘の上にヒルクレストというユダヤ人専用のゴルフ場をつくってしまったんですよ。

このゴルフ場はハリウッドで大儲けした連中がつくったんですが、それは1920年代のことですから、もうその頃には彼らは財を成していたということです。しかも彼らが恵まれていることに、このゴルフ場のコースを整備している最中に、なんと石油が出てきたんです。

だから、私がいた頃、90年代の終わりあたりまでボールはタダでした。普通、ティやボールマーカーぐらいは置いてありますが、このゴルフ場にはヒルクレストのマーク入りのボールが、自由に使えたんです。

こうした例は他にもたくさんあるわけで、彼らにはアメリカにきて成功したという自負がありますね。

馬渕 そうですね。全部でなくて一部なんでしょうが、彼らの場合「我々がアメリカの伝統的エスタブリッシュメントの支配を覆した」という意識がたいへん強いですね。メディアを握り、ハリウッドを握っていって、私たちが知っているハリウッドスターは、ほとんどユダヤ系でしょう。

しかし、ハリウッドを含めユダヤ系のメディアが自由、民主主義、人種平等、人権、人道などのいわゆる普遍的価値と言うユダヤ思想を広めたことが行きすぎて、次第にこれらの価値の問題点を指摘したり、疑問を抱く言論を認めないようになってきたわけです。このように、ポリティカル・コレクトネス（政治的公平さと訳されている）を口実とした言葉狩りが横行した結果、人々に言論の閉塞《へいそく》感を与えるようになってしまいました。そこに、ポリティカル・コレクトネスの欺瞞《ぎまん》に真っ向から挑戦したトランプが華々しく登場したのです。従って、トランプ大統領の当選は、ポリティカル・コレクトネスを錦の御旗にしたメディアによるアメリカ言論支配を終わらせる象徴的出来事と言えるわけです。メディアの影響力が減退したことは、メディアを通じてアメリカ人の言論を左右してきたユダヤ社会の力が相対的に弱まったということなのです。

第2章　米露接近のカギを握る安倍首相

アメリカよりも偏向している日本のメディア

高山　大統領選挙前のギャラップ調査によれば、ヒラリーの支持率が48％、トランプの支持率は41％という拮抗《きっこう》した数字でした。一方、日本で同じギャラップ社が調査するとヒラリーが60％、トランプが3％ということで、アメリカ以上に、大きく偏っていました。

馬渕　ずいぶん違っていますね。

高山　ホント。ここまで違ったのは日本の特派員が米国から送ってくる原稿がもっと偏っていたからということです。確かに日本の新聞は連日、トランプは問題だという報道しかしてこなかった。報道が偏っているから読者も偏り、その結果ギャラップ調査の結果もこれだけ歪んでしまったということでしょう。

馬渕　そうですね。日本のメディアはこれから、そうした点を問題にして改めていかなければならないし、本当のメディアというのもおかしな話ですが、メディアこそ大いに反省しなければならないと思うんです。

高山　現状では、ほとんどのメディアが反省しているとは言えませんね。

馬渕　正直に申し上げれば、私は産経新聞にまずその先例を切ってほしいと思っています。他はだめです。本当にだめです。なぜなら、世界のグローバル市場化権力と結びついているような報道ぶりでしょう。グローバリズムの利権に乗るような報道姿勢です。日本経済新聞なんかまさにそうですよ。もうこの世界経済の秩序が壊れたら非常に困るのだと悲鳴に近い感じです。

高山　NHKに中国中央電視台が潜入してくるので問題だと騒いだりしていて、たしかにそれは問題だろうけれど、それ以上に朝日新聞にニューヨーク・タイムズが入っていることと自体、本当はおかしいと言わなければならないんですよ。

ニューヨーク・タイムズは日本の悪口、それも根拠のない嘘話《うそ》ばかり書いていますが、なぜか朝日が自分のところからお手伝いを出しながらそういうミスリードをしても許容しているところもあります。こうしたことに問題意識を持たない新聞社というのは非常におかしいですよね。

馬渕　そうですね。ミスリードといえば、私は大学時代にアメリカの新聞記者は外国政府の招待を絶対受けないんだと教えられたことがありますが、政府じゃないにしても、朝日新聞のなかに巣喰っているものは何でしょうね。

高山　おかしいですよね。私は、日本の悪口ばかり書いているニューヨーク・タイムズのニコラス・クリストフという記者に文句を言いに行ったことがあります。言いに行ったら朝日新聞の7階かなんかにオフィスがある。彼に付いているスタッフは朝日からの出向者でした。ビックリでした。

それで、ちょっと話が横道にそれますが、宮沢喜一《みやざわきいち》の長女の啓子さんは、たしか一度離婚したあと、ルフトハンザのスチュワーデスをしていたんですね。あの頃、私は航空記者をしていたので、たまたま彼女と知り合いになったわけですが、あるとき、彼女が「私、今度結婚しようと思っているんです」と言うので、よかったですねと応えましたが、あとで聞くと相手が問題だったんです。

馬渕　アメリカの外交官で駐日公使を経てマレーシア駐在大使を務めたクリストファー・ラフルアーですね。

髙山　そうなんです。米国の国務省のスタッフと日本のまあ大物政治家の娘が結婚すれば、日本の情報が筒抜けになりかねないじゃないですか。あの頃、宮沢喜一は首相になろうかというときでしたから、「えっ？」と思って、そんなことをして大丈夫なのかと周りに聞いても、まったく新聞も問題にしなければ、アメリカでもまったく許されると言うんです。それがね、どうもね、納得できなかったですね。

馬渕　結婚はプライバシーの問題とはいえ、アメリカでも、日本でもメディアが問題意識を持っていないというのは不思議ですね。

髙山　それくらい鈍感だから朝日新聞にニューヨーク・タイムズが入っていても、誰もおかしいと思わないし、他にも韓国の某紙が入っているらしいけれど、こちらは、それこそ問題だと思っているから指摘しているのに、そんなのは別に問題ないという姿勢です。

このように日本の新聞社の姿勢はおかしいところが多分にありますよ。おかしいと思うことができたら、やっと日本人の記者と言えるのですが……。

馬渕　まさにおっしゃっているとおりだと思います。会社の意向に添わなければ、やはり経営陣から疎まれるということになるでしょうしね。

髙山　朝日新聞はいまだにニューヨーク・タイムズとの関係性の深さを自慢しているような、その根性がおかしいんですよ。

馬渕　アメリカのメディアも日本のメディアも、いまのところ何も反省していませんし、朝日新聞を含めて肝心のメディアが自立できていないのに、アメリカからの自立を唱えたりしているのはまったく矛盾した話です。だから私は、トランプ新大統領の登場を契機にジャーナリズムが健全化することを期待しているんですがね。

フルブライト留学制度は日本の世論を親米に洗脳するための手段

髙山　新聞社の姿勢に加えて新聞記者について思い出したことがあります。私が社会部から外信部という部署に移ったときのことです。そこでは各新聞社対抗の野球試合があったんですが、試合後の飲み会の自己紹介で、ほとんどみんなフルブライト留学生あがりという。そして、それをさかんに自慢していた。だから、彼らにとって米国は第二の故郷で青い目の恩師もいると言い合っていました。

2015年の春先から徳岡孝夫《とくおかたかお》氏が『新潮45』の巻頭コラムを連載していて、大阪の記者クラブにいたときにフルブライト留学生として出掛けて行った際の心の高揚感を述べているんですが、彼ですら、アメリカにぞっこん惚れこんで、何の批判眼も持っていない。そんな調子で新聞の記事を書かれた日には、読者のほうが迷惑するなと思いましたね。

馬渕　それはまさに植民地根性ですよ。インドなどでは、いまでもイギリスのオックスフォードやケンブリッジに留学するのが憧《あこが》れかもしれませんね。

高山　インド人ならわかるけれど。

馬渕　フルブライトの留学制度は、GHQの時代から続いている、言ってみれば日本の世論を親米にするための手段です。だから、それは別に留学することが悪いわけじゃなくて、それで何を学んでどのような見識を身につけるかであって、アメリカを礼賛するだけでは、向こうの宣伝の罠《わな》に落ちてしまうことになります。

高山　私の場合、フルブライトの留学生にならずにアメリカの特派員になったわけで、向こうに行ってから「訴訟亡国アメリカ」という連載を持った。ほとんど詐欺師みたいな米国の訴訟実態を書きました。あとで『弁護士は恐い』のタイトルで文藝春秋から本にしましたが、あれを書き始めた途端、外信部内で総スカンをくらいましたよ。
毎日新聞からきた人が総局長のときで、こんなふうにアメリカの悪口を書いてはだめだと言って、私を更迭しろと上のほうに上申したと聞きました。お前こそ出て行けと思いましたね。
ロサンゼルス総領事館の次席級の人もあの連載はやめたほうがいいと連絡してきた。びっくりしましたね。

馬渕　日本の新聞に文句をつけるというのはおかしな話ですね。アメリカの新聞なら偏った報道に文句をつけるのはわかりますが。

髙山　テヘラン以来の付き合いだから、彼は親切心で「こんなことを書いていると国外追放になるから」と心配してくれたんですが、私が「アメリカから国外追放にされたら勲章になるよ」と言ったら、「大丈夫なんですか」とまだ心配そうだった。

馬渕　みんながみんな、そう思っているわけではないけれど、とにかく問題を起こすな、波風立てるなと、多くがそう思っていたわけですね。
それで、外交の目的は何かというと、いまの外務省の職員は、それは友好関係の増進だと言うわけですが、とんでもない。国益のための外交であって、友好関係の増進なんてそもそも外交の目的ではないと、私はいろいろなところで言ってきましたが、これがわからないんですよ。

朝日新聞は「戦後利得者」

髙山　アメリカの新聞はまさにアメリカの国益のために書くことで、ずっと歴史を刻んできています。

私はGHQがいたときに、GHQがホワイトハウスの気分になって、アメリカの国益優先で日本の新聞を操って日本の世論を誘導していたと思っています。

なかでも朝日新聞は、そうしたGHQの意図に忠実に従ってやってきたと思います。彼らは主人を間違えていて、いまだにアメリカの国益のためにやっているんじゃないかと思うことがたびたびです。

馬渕　それは、髙山さんもご存じのとおりのプレスコードというもので、基本的にそれをまだ忠実に守ろうとしているわけでしょう。ということは、依然として日本のメディアは植民地化されたままだということなんですよ。メディア以外では官僚も植民地的ですけれどね。

髙山　だから、いまこそプレスコードを打破するときがきたというのが、今回の「トランプ現象」から導き出した私の1つの捉え方で、自立するのは安保だけではないし、まず言

いまもメディアを支配するプレスコード

1	SCAP（連合国軍最高司令官もしくは総司令部）に対する批判
2	極東国際軍事裁判批判
3	GHQが日本国憲法を起草したことに対する批判
4	検閲制度への言及
5	アメリカ合衆国への批判
6	ロシア(ソ連邦）への批判
7	英国への批判
8	朝鮮人への批判
9	中国への批判
10	その他の連合国への批判
11	連合国一般への批判（国を特定しなくとも）
12	満州における日本人取り扱いについての批判
13	連合国の戦前の政策に対する批判
14	第三次世界大戦への言及
15	冷戦に関する言及
16	戦争擁護の宣伝
17	神国日本の宣伝
18	軍国主義の宣伝
19	ナショナリズムの宣伝
20	大東亜共栄圏の宣伝
21	その他の宣伝
22	戦争犯罪人の正当化および擁護
23	占領軍兵士と日本女性との交渉
24	闇市の状況
25	占領軍軍隊に対する批判
26	飢餓の誇張
27	暴力と不穏の行動の煽動
28	虚偽の報道
29	GHQまたは地方軍政部に対する不適切な言及
30	解禁されていない報道の公表

（江藤淳『閉ざされた言語空間』文春文庫より）

論の自立をやれと言いたいですね。といっても、彼らフルブライト上がりの新聞記者にどう説明したらいいのか戸惑います。

馬渕　新聞記者の誰を説得したらいいんですかね。でも、産経にも若くて有能な記者がたくさんいて、私も若干知っているけれど希望はありますよ。

要するに戦後民主主義について語っている渡部昇一《わたべしょういち》さん流に言えば、朝日新聞は戦後利得者なんです。ＧＨＱが定めたプレスコードを守ることが彼らの保身ということですよ。なぜそうなるのかわかりませんが、朝日なんてアメリカからの自立などと偉そうに言っているくせに自分がアメリカから自立していない。

髙山　その通りだと思います。私が、朝日新聞がアメリカの意向に添うように動いていると感じたのは、やはり60年安保ですよ。

あの前年に週刊誌「朝日ジャーナル」を発刊して、革命だ、革命だ、政府を倒せみたいなことを煽《あお》って、１９６０年6月15日、デモ隊が国会前になだれ込んだ。そして樺美知子《かんばみちこ》さんが亡くなったんです。本当に流血騒動が起きた。死者が出た。このとき朝日に踊らされて集まっていたのが公称35万人。実際はその半分以下ですが、こういう考えのない連中が、それこそ怒れる闘士みたいになって大騒ぎを始めたら確実に革命ムードになる。まるで革命前夜の様相を呈していましたから、本当に日本政府は倒されかねない状況でした。

ところが、そこまで煽った朝日新聞がそのとき何をやったかというと、在京各紙の編集局長を集めて暴力デモ反対、政府も冷静になれという共同通社説を各紙そろって流させた。煽った新聞がいっせいに背を向けた。それでデモは沈静化していった。

戦後復興した日本が、戦前のようになってはまずいということで、アメリカはずっと日本の国家と国民を分断し、対立させてきたわけですが、一方の勢いが強くなって一方が弱くなってしまって日本を失うことになったら、アメリカが描いていた日本の封じ込めも極東における戦略も変わってしまう。すぐにでも安保に反対する勢力を潰《つぶ》せというのが、当時、朝日新聞の論説主幹を務めていた笠信太郎《りゅうしんたろう》に下された命令だったと思うんですよ。

それで笠信太郎は動いて、各紙をまとめ共同社説のような記事を出すことにしたのでしょうが、煽られてきた学生たちはいきなり梯子《はしご》を外されたようなものです。こうした経過を見るだけでも、朝日新聞がどこのために動いていたのかは、はっきりしているわけですよ。

いま、中国は日米安保を刺激しない程度で沖縄諸島に接近しているけれど、本当に中国が沖縄を取りにきたりしたら、こうした過去の事例からして判断すると、国益を考えない朝日新聞はどう報道して、どう責任を取るんでしょうね。新聞の報道という前に、新聞の使命というものを持ち合わせてないような気がします。

馬渕　これはどこかの記事で見かけたことで、ちょっと各部数はうろ覚えなんですが、いま朝日、読売、毎日の部数が相当の勢いで減っていることは確かなんでしょうね。

髙山　２０１６年９月に公表されたデータによりますと、１年間で朝日が約33万部、毎日が約19万部、読売が約14万部減っています。

朝日はもうとっくに７６２万から６００万部を割り込むところまで落ちたと言われています。

朝日の社員から聞いた話では、朝日の部数減もすごいけれど、それでもまだ多くをコアな読者が占めているそうです。問題は、いつになったらそのコアが消え朝日がまともになるかということですね。いまのところはそのコアがうるさいから朝日は路線を変更できないという事情もあるようです。

馬渕　新聞の衰退はかねてから指摘されてきましたが、読売１０００万部、朝日８００万部という時代はとっくに終わり、没落の一途をたどっているということですね。

もちろん、その背景にはインターネットの普及や新聞に対する信頼感の喪失などがあるでしょうが、朝日の部数減には、私はもう１つ団塊の世代が影響していると思っています。昭和21〜25年あたりに生まれた団塊の世代の多くは朝日シンパです。彼らが高齢化して亡くなっていくにつれて、朝日の部数が減っているということがあります。

とはいえ、まだ元気な朝日シンパの団塊の世代が、相変わらず戦争法案反対とか、沖縄辺野古《へのこ》基地反対、あるいは原発反対などの運動を率先してやっているのを見ると、60年安保のときの彼らとダブりますし、メディアとのしがらみの深さを感じます。

まるで〝朝日〟というトラウマを抱えたままのようで、こうした影響力を持ち続けているメディアの責任とは、いったい何なのかと考えさせられてしまいます。

髙山　そのとおりです。コアというのはいま70代に入った団塊の世代のことです。彼らが死に絶えれば朝日も終わります。

ジャーナリストに「言論の自由」がないのは常識

馬渕　私は、メディアの担い手であるジャーナリストの多くは心ある人たちだと思っています。しかし実は、いわゆるポリティカル・コレクトネス（言葉狩り）に縛られて「言論の自由」が与えられていないという現実も厳然としてあるのです。

これまでアメリカにおいても、心あるジャーナリストはポリティカル・コレクトネスでがんじがらめになってきたように思います。それだけに、旧態依然のメディアに対して批判的なトランプ新大統領の姿勢には、大いに学ぶべきところがあります。

髙山　一般的に「言葉狩り」という意味で使われているポリティカル・コレクトネスとい

う言葉の発生についてはどうですか？

馬渕　元来、偏った用語を使わずに中立的な表現を使用しようという運動を指すようですが、こうした考え方は、自由とか民主主義、国際主義、人権、人道、人種・男女平等といった思想からきているんです。

高山　あと弱者救済とかですね。

馬渕　これは結局、ドイツのフランクフルト学派に行き着く話です。そうなると、またユダヤ思想に戻ってしまうんですが、実際そういうことなんです。

フランクフルト学派はご存じのように一種のマルクス主義です。フランクフルト大学の社会学の教授連中がナチスに追われて、亡命先のアメリカで彼らの批判理論、つまり既存の秩序を批判しろ、家族も破壊しろという理屈を流布したわけです。

よく知られているのがヘルベルト・マルクーゼで、彼らの影響を受けて、日本では社会学の上野千鶴子《うえのちづこ》氏あたりがジェンダー・フリーなどを主張しているわけですよ。でも、彼女にはマルクス主義の実践者だという自覚があるのでしょうか。

高山　彼女は団塊の世代ですか？

馬渕　1948年生まれですから団塊の世代と言えますね。でも、団塊の世代ということと関係なく、男女平等とか、ジェンダー・フリーに取り組んでいる連中はおおむねフランクフルト学派的な思考をする人たちですね。このことを認識している者もいるけれども、ほとんどが知らないで、男女平等はいいことだ、性差があってはいけないとか言っています。

ポリコレのターゲットにされた日本企業

髙山　私がアメリカに駐在したのは1992年のことで、ビル・クリントンが大統領に就任した年です。

1992年は、それまでのコロンブスによる「アメリカ大陸発見1492年説」からちょうど500年に当たる年でもありました。

それで、500年を記念して自由の女神より大きな高さ100メートルのコロンブス像を、ロシアの彫刻家ズラブ・ツェレテリが寄贈してきた。ところが、あまりにも大きいのに加え、ポリティカル・コレクトネスがたちふさがった。アメリカ発見でなく欧州とアメリカン・ネイティブの邂逅《かいこう》だというわけです。それでどこの街も港も引き受けず、結局、贈り主に持ち帰ってもらっています。

それが象徴するようにそのころがポリコレの始まりで、アファーマティブ・アクション（積極的差別是正措置）もこのころからだった。

この措置に従って、黒人を優先的に店員・社員として何割か雇わなければならないということだったのでしょう。スーパーのレジで数字もわからないような黒人がキーを操作しようとしていたのですが、一向にはかどらないので白人が付きっきりで教えているんですね。だから、レジの前は長蛇の列でした。

これは、先ほど馬渕さんが指摘しておられたフランクフルト学派的な思考、つまり何事も平等にすることは良いことだ、弱者救済は良いことだという考え方の矛盾の顕れそのものですね。

また、すでに触れた米国三菱自動車製造の集団訴訟のことを考えてみると、あれはポリティカル・コレクトネスに縛られてきたアメリカのメディアが、日本企業をその不満のはけ口にしたとも言えそうです。

「日本人は女性を奴隷扱いにしてお茶くみ以上の仕事はやらせない。そのうえ体をさわるのは当たり前なのだ」などと報道していましたが、そのどの1つも米国人に向かっては言えないことばかりでした。民族をステレオタイプ化したり、蔑視《べっし》したり、とにかく日本なら何を言ってもOKだった。それで三菱が袋叩きにされていた感じでした。

その後、こうした傾向は弱まるどころかエスカレートして、2016年の大統領選の2カ月前にもワシントンのジョージタウン大学である騒動が起きています。

約200年前、ジョージタウン大学が持っていた黒人奴隷280人を売り払い、そのカネで大学の修復をした。その歴史的事実を学長が認めて謝罪した。それに加えて、これからその280人の黒人奴隷の子孫を優先的に入学させると言いだした。

280人の黒人の末裔《まつえい》といえば、現在、万単位のすごい数になっているはずです。それを優先的に入学させることになれば、由緒ある大学のキャンパスは末裔で埋まってしまうことになる。これがアメリカ人のあいだでは一番ショックだったようです。いまから200年前の古傷を掘り起こして、ポリティカル・コレクトネスで、その子孫を救済すると、もう大学が大学でなくなってしまうわけですよ。

この騒動は日本では報じられなかったけれど、結構大統領選に影響力があって、トランプ優位のダメ押しに近いものだったんではないかと言われています。私はたまたま、この騒動を報じた小さな記事を読んで興味を惹《ひ》かれたんですが、でも、これははっきり言ってひどい話です。

馬渕　アメリカがね、そういうことを国内でやるというなら百歩譲って、どうぞご自由におやりなさいと言ってもいい。しかし、他国に対してもそれと同じようなことを強いる姿勢は許せませんね。

たとえば、これはちょっと飛び過ぎかもしれないけれど、三菱マテリアルが2016年

6月に、かつて同社の前身である三菱鉱業で強制労働させていた中国の人たち（対象は元労働者と遺族、合わせて3765人）への謝罪を表明し、結果、1人当たり200万円を払うことで和解している件がそうです。あれはおかしいですよ。

三菱マテリアルは、この和解を決める前にアメリカ、イギリス、オランダ、オーストラリアなどの元捕虜に対して強制労働をさせたことについて謝罪していて、その式典は「サイモン・ヴィーゼンタール・センター」、つまりユダヤ人権団体があいだに入って行われています。

この組織は世界でもきわめて強い影響力を持っていて、ユダヤ人を悪く言ったりすれば、その相手をたちまち潰しにかかるという組織です。

従って、ヴィーゼンタールがからんでくれば三菱マテリアルといえどもその意向に従わざるをえなかったのではないかと考えられます。同社の社外取締役・岡本行夫《おかもとゆきお》氏（元外務官僚、小泉《こいずみ》内閣時の内閣官房参与、首相補佐官）が、この団体との仲介役を務めたわけですが、その延長線上で中国から連れてこられ、強制労働をさせられたとされる人たちへの謝罪と和解金の話も成立しているわけです。岡本氏は私と外務省で同期で、たいへん実務能力に長《た》けた人物です。

髙山　日本の裁判所で起こされた三菱マテリアル（旧三菱鉱業）に対する強制連行訴訟は

唐突でしたでしょ。しかも07年4月に最高裁までいって、全部蹴《け》られてしまっています。

馬渕　あれは、ただ単に三菱マテリアルの幹部が行って謝罪はするにしても、表向き、和解金を出さないことになっていたんですよ。しかし、なぜかヴィーゼンタール・センターで話し合いが進められている最中に、中国との和解の話も進んだわけで、三菱マテリアルは大きな和解金を払うはめになったわけです。

これは、和解だからいいだろうとか、民間企業の話だからいいということではありません。それを含めて日中平和条約で解決しているんですよ。だから政府は三菱マテリアルに対して、そんなことはやってはならないと止めなくてはいけなかったんですよ。岡本氏が具体的にどこまで関わったかについては明らかではありませんが、岡本氏は日中平和条約のことは十分承知しているはずで、にもかかわらず和解金解決をしたことに関して、岡本氏も三菱マテリアルも日本国民に説明責任を負っていると思います。

髙山　あの岡本行夫という人は許せませんね。日本をぶっ壊すためのどこかの回し者でしょうか？

馬渕　そこまでは思いませんが、結果的には日本の名誉を傷つけた自分の行動を国民に説明する必要はあるでしょう。

日本を操るジャパン・ハンドラー

馬渕　いわゆるジャパン・ハンドラー（日本を操っている人）の存在については、これまでさまざまに憶測されてきています。知日派として知られる軍人上がりの元国務副長官リチャード・アーミテージ、米民主党政権でしばしば政府高官を務めたジョセフ・ナイ、政治学者のマイケル・グリーンなどがいて、彼らの受け皿になっている日本人がアメリカの意向を日本政府に伝える役割を担っています。

高山　軍人上がりのアーミテージはジャパン・ハンドラーの代表的な人物ですね。

馬渕　だから、トランプが大統領になるまではこういう人たちが対日政策を牛耳ってきたわけで、ジャパン・ハンドラーに操られている日本人の名をあげたら、政治家、官僚、学者、マスコミの世界まで広がって切りがありません。

高山　そのほとんどを朝日新聞が厚遇しているというのは不思議な偶然ですね。

馬渕　アメリカの対日支配というのは、そういうふうにして着実に行われてきたわけですよ。

高山　それと、先ほど触れたフルブライト留学生、あの制度はもうとっくになくなっていてもいいでしょうね。もう、フルブライト留学を経験した人よりも賢い人がどんどん現れてきているわけですから。

馬渕　日本からアメリカに行く留学生が少なくなっているなんて騒いでいますが、もうアメリカの大学で学ぶことはないんですよ。

髙山　ハーバードとか？

馬渕　ハーバードのＭＢＡ（経営学修士）なんて取ったってしょうがない。何の役にも立たないですよ。だから、そうした傾向が尊重されなくなるのはいいことだと思いますし、中国や韓国から行っている留学生が、アメリカで反日運動をやっていることのほうがよっぽど問題ですよ。

髙山　だけど新聞記者のフルブライト留学は依然として多いですから、本当に新聞記者が狙《ねら》い撃ちされている感じがしないでもないです。

馬渕　そうですね。それなら新聞社側がそんな制度を利用するのをやめて、自費で留学させるようにすればいいんですよ。まぁ留学させなくてもいいですが……。

髙山　たとえばＥＵから離脱したイギリスに留学させるとか。しかし、日本は日露戦争の前後から、いろんな国の留学生を受け入れてきた。先の戦争までそれは続いています。日本にきて日本語を学べば世界の思想も文化も学べた。だから支那人がたくさん日本に留学していた。米国はそれを抑え込むために支那人の留学生を呼び込み、反日教育をした。ですから戦後、日本は何の教養もないアメリカに留学生を出す必要もなかったのです。

トランプがツイッターを多用するので立場を失ったメディア

馬渕　話を「トランプ現象」に戻しますと、これまでの日米関係をリセットする時期がいよいよきたと思うのですが、どうも政治家もメディアもこのことが理解できていないように思いますね。

大統領選のあいだ、トランプ候補は自由と民主主義が大切だと言ってきたけれど、彼が大統領になったら自由も民主主義も、世の中から法の支配もなくなって、いよいよ戦後の秩序が壊れてしまうのではないかという声があちこちからあがっていたのは、ついこのあいだのことです。しかし、トランプ新大統領が就任してから、何もそんなことは起こっていません。

これからは、ポリティカル・コレクトネスのために不自由だった言論が少しまともになると思いますし、いよいよ日本も言いたいことが言える世の中になる可能性が出てきたので、これを最大限に活用しない手はないですね。

メディアはこれまでの国際秩序が重要だと思い込んできたわけですが、では、これまでの秩序とは何だったのかというと、グローバリズム実現のために世界で戦争をしてきたアメリカによる秩序のことを指すわけで、アメリカはこのルールに従わずに挑戦してきた相手をＣＩＡの巧みな工作によって叩いてきたわけです。

たとえば、大量破壊兵器を隠し持っているということでサダム・フセインを叩き、シリアも化学兵器を使っているという理由で空爆の脅しをかけました（後に撤回）。

嘘をついてきたそのＣＩＡが大統領選で何をしたのかといえば、トランプはロシアのハニートラップ（女性スパイが対象男性を誘惑し、性的関係を利用して懐柔するか、これを相手の弱みとして脅迫し機密情報を要求する諜報活動）にかかったという情報を流したわけでしょう。しかし、これはＣＩＡ独自の情報によるものではなく、イギリスのＭＩ６の元諜報員が売り込んだというもっぱらの噂《うわさ》で、そんないい加減な情報に基づいて大統領選が展開されている最中に、ＣＮＮがこれを追及するというのは、いったい何を意味するのかということですよ。

高山　まだメディアの支配は終わってないと思い込みたいんでしょうかね。

馬渕　そう、それを何とか続けたいと思っているんでしょう。

高山　まだまだ影響力があることをトランプに思い知らせるということですかね。ただ、私はやはり、そういうことを考えても結局、アメリカの場合、ジャーナリズムは政府とくっ付いてないと生き残れないと思うんですよ。

馬渕　アメリカの場合、そうですか。だから彼らも記者会見、記者会見と言っているんでしょうね。ところがトランプはツイッターで済ましてしまっているので、彼らにしてみれば立場がないわけです。

直接国民に訴えてはだめだということなどないのに、自分たちを通してもらわなければならないし、俺たちを通して発言するということは、トランプが何を国民に伝えていいかを俺たちが判断するんだという理屈です。

髙山　トーマス・ジェファーソンの「真実を入れて、醜いものを生み出す」というのと同じですね。

馬渕　そうそう、メディアの宿命かもしれませんし、あるいは逆に皮肉に言えば、だからこそメディアの存在価値がこれまであったんであって、それがなくなればメディアという媒体はいらないんですよ。もう政治家がインターネットを利用して直接国民に訴えることができる時代ですから、もうテレビすらいらないわけですよ。

髙山　トランプの言っていることは、アメリカのみならず世界中のメディアを結構賑《にぎ》わせているわけですから、かつてアンドリュー・ジャクソンのところに集まっていた新聞記者のように、トランプにぴったりくっ付いていたほうが有利ではないかという戸惑いが、いまのアメリカの新聞記者などにはあるかもしれませんね。

馬渕　そうだろうと思いますね。ですが、いまはトランプが言っていることをメディアが、ただ切り取って伝えているだけなんです。

高山　たとえば、ヒラリーは「アラブの春」という名の破壊工作をやった。あのときSNSでチュニジア大統領のベン・アリーを追放するのに成功しています。でも、自分たちの策略のために「アラブの春」ではさんざんSNSを使っておきながら、自分の大統領選のときにそういう威力のあるSNSを使わなかった意味がわからないんですよ。

馬渕　そうです。SNSは使わなかったようですね。ところで、アメリカではSNSで流されている情報が真実かどうかチェックする動きがあるんでしょう。そんなことをするよりもいつも流れている主要メディアのニュースが本当か否かを、まずチェックする必要があると思いますがね。

ベトナム戦争以降、乖離したジャーナリズムとホワイトハウス

高山　都知事選で惨敗したあの鳥越俊太郎《とりごえしゅんたろう》が、ひと頃、韓国で設立された市民参加型IT新聞サイト『オーマイニュース』の日本版編集長に就いていたことがありました。わずか2年で潰れましたけれど、これでわかるようにただ情報を垂れ流すのでは意味がない。

何が真実かデマかを取捨選択するかということがジャーナリストにとっては一番大事であって、誰でも気軽に投稿できるサイトということだけでは、もはや利点にならないでしょうね。

アメリカの場合、たまたま国策と戦争好きの新聞社の好みが合っていた頃はよかったかもしれませんが、私はベトナム戦争以降、この両者の好みが乖離《かいり》していったと思っています。

ベトナム戦争以降、アメリカの不景気と同時にジャーナリズムとホワイトハウスが大きく変わっていき、この間に新聞社のほうは現在の状況を正確に切り取ることを忘れてしまい、時代遅れになってしまったわけです。

旧態依然としたテクニックでもホワイトハウスを支配できるという思い込みがあったかもしれませんが、それがだいぶ齟齬《そご》をきたしたのでしょう。併せてアメリカではSNSのほうが、より真実に近い情報を伝えてくれるという期待感で持てはやされるようになり、この流れに添うようにトランプはSNSを使うようになったんですね。

馬渕　トランプは選挙期間中もずっとSNSでメッセージの全文を流していました。ところがメディアは女性差別をしたとか移民を排斥したとか、そんな興味本位の話ばかり流すわけですよ。

SNSのようなITメディアがない時代であれば、トランプの度重なる過激な発言は「これはひどい」ということになったでしょう。しかし、そうならなかったのがSNSならではの特徴であり利点で、これにはメディアも驚いたと思います。

私もＮＨＫが流していたアメリカＡＢＣの大統領選の開票中継をずっと見ていたんですが、最終段階でトランプが勝ったことはもう明らかなのに、なかなか結果を発表しないで何を報道していたのかといえば、グローバリズムがいかに重要かということばかり伝えていました。

髙山　そうそう、昼近くまでやっていました。

馬渕　ずっとですよ。トランプが当選してしまったら言えなくなりますから、最後に自分たちの言いたいことを言っておこうというのが見え見えでした。

髙山　それだけ、自分たちの予測どおりになるという自信があったということなんでしょうね。過去の大統領選の経験からして。

馬渕　まぁ、そういうことだったんでしょう。

髙山　というか、ほとんどのメディアは、この人はいままでの候補とは違うぞという臭いをトランプをから嗅《か》いだ。それが彼らの生存本能を刺激した。これはヤバイと思った。ヒラリーを当選させようとメディアを含めたアメリカのエスタブリッシュメントがそう思ったのでしょう。

馬渕　また、不謹慎ないい方かもしれませんが、得票数の操作はできなくもないし、私は現にその可能性があったと思っています。しかし、そんなことをしても、もう追いつかないほどトランプがリードしていたと思うんですよ。

高山　それで言い訳がましく総得票数ではヒラリーが勝っていたなどという報道もあったんですね。

馬渕　総得票数で勝ったといってもカリフォルニアとニューヨークだけですよ。カリフォルニアはヒスパニックがたくさんいますし、ニューヨークはグローバリストがたくさんいるところですから、彼らはヒラリーに入れるはずですよ。しかし、それがアメリカ50州の意思を代弁していたわけではないんですね。

私は、ヒラリーは総得票数で200万票は勝ってなかったと思いますし、それゆえにいろいろな工作が考えられていたとも邪推しています。そして、もしトランプを引きずり下ろせるような雰囲気になったら、総得票数で多数を取ったヒラリーでいいじゃないかという具合に持っていこうとしていたのではないかと思うんです。

だけど、それもできなくなったわけで、ということは、それだけトランプに対するラストベルトなどからの支持が強かったのだと思います。

高山　それこそ新しいアメリカの動きだという気がしますね。

それにトランプは野蛮で下品な感じではあるけれど、背は高くてたくましいし豪放磊落《ごうほうらいらく》そうで、アメリカ人がひたすら強かった時代を思い出させるところがあった。そうしたイメージが人気のもとになっているのかもしれませんね。

馬渕　メディアは結局、トランプが大統領になるのが明らかになって以降、就任式までずっと彼を非難し続けてきたでしょう。

髙山　支持率が40％しかないなどと報道していましたが、そんなことを伝えて何の意味があるんでしょうね。

馬渕　それは当選した人を認めないと言っているわけで、しかも民主党議員の60人が就任式を欠席するというのは、いったい選挙を何と心得ているのか、民主主義を何と心得ているのかと思ってしまいます。

髙山　前章で馬渕さんが触れていたフランスのアレクシス・ド・トクヴィルが、自著のなかで、つい昨日までアンドリュー・ジャクソンをすごい勢いで批判していた相手であっても、ジャクソンが権力の座に就いたとたん、ジャクソンに従うようになって、その切り替えがすごいとほめているのですが、同時に、これは我々も見習うべきだというような言い方をしています。

こうした割り切りの早さが今回の大統領選では消え失せちゃった。あの民主党議員の執念深さは、ちょっと異常です。

馬渕　だから、それは本来のアメリカの精神じゃないと思うんですよね。やはり、いろいろな人種が交じり合っていますし。

髙山　みんな非アメリカ人なんですよね。

馬渕　そういうのがメディア界というか言論界のマジョリティ（多数派）になっている危険がありますね。そうすると選挙をやることは無意味になってくるんです。自分が気に入らない候補者は選挙に当選しても認めないと言っているわけですから、これはもう民主主義の完全否定ですよ。

だから、こういったことを、せめて日本の新聞ぐらいは言ってもいいじゃないかと思うんですが、アメリカの新聞と同じようにトランプでたいへんだ、たいへんだと騒いでいるだけなんですね。

リンカーンが発行した政府紙幣の価値を保証したのは日本の金!?

髙山　ところで、トランプは「200年余りにおよぶ歴史的な米露関係」と言っているでしょう。あれはどういうことなんでしょうか。

馬渕　おそらく付き合いが200年以上におよぶというのは、アメリカ合衆国の建国以来ということでしょう。もともとロシアとアメリカは仲がよかったんですね。

たとえば、南北戦争のときにロシアは北部のリンカーンを支持しています。一方、南部を支持したのはイギリスとフランスで、イギリスはカナダを通じて、フランスはメキシコを通じて北部に圧力をかけています。

これに対してリンカーンを支持するロシアのアレクサンドル2世は、サンフランシスコとニューヨークに艦船を派遣して、実際に交戦したわけではありませんが、北部に対する支援策としてはきわめて大きな効果がありました。

これには伏線があって、なぜロシアがリンカーンを支持したかというと、当時、ロシアもロンドンのシティと対立していたからなんです。そして、実はシティが南部に高利子で戦費を貸し付けて戦争をやらせていたわけで、リンカーンはシティからの融資を断って、自ら政府通貨を発行して戦費を賄っています。それがグリーンバック、つまりドルです。

高山　政府紙幣ですね。

馬渕　そう、政府紙幣を発行したんです。また、だからこそリンカーンは暗殺されたのですが、それが誰の仕業かははっきりしていて、ロンドンのシティの手先に暗殺されたんです。

高山　その際の出来事として、これまでよく言われてきたのが、アメリカが行った日本からの大量の金の持ち出しです。

まだ初代駐日公使のハリスがいた幕末時代、アメリカはペリーの艦隊を日本本土に向かわせる前に、何度も沖縄に立ち寄らせて沖縄を属州化するつもりでした。ところが南北戦争が勃発《ぼっぱつ》して、それどころではなくなってしまい、何より戦費の調達が急務となったわけです。

そこでアメリカは日本の金（小判）に目を付け、メキシコ銀を巧みに操作して、日本から大量の金を持ち出すことに成功したわけですが、これがグリーンバックの価値を保証することになったんじゃないでしょうか。

馬渕　当時のグリーンバックは金や銀との引き換えが保証されていた紙幣、つまり兌換《だかん》紙幣ではなかったのです。ただ将来は正貨と引換えることができるとされていて、いわばアメリカ国家の信用に基づき、流通したわけです。なお、アメリカは、１９１３年に中央銀行（ＦＲＢ）ができるまで基本的には銀本位制だったわけで、それを金本位制に変えさせようとしたのがロンドンのシティなんですね。

いずれにせよ、先ほどの話に戻れば、２００年以上にわたる米露関係を振り返って言えることは、結局、南北戦争のときにアメリカを分裂から救ったのはロシアだということなんです。

高山　その見返りということではないかもしれませんが、１８６７年にロシアは植民地にしていたアラスカを売りに出して、アメリカは南北戦争の直後ではあったものの、アラスカを買って、クリミア戦争で経済的に疲弊していたロシアを助けてもいるんですよね。

そのときの購入金720万ドル（2016年現在の貨幣価値で1億2300万ドル）も日本の金ではなかったのでしょうか。

ただし、南北戦争の後、北軍は南部に出ていって、アメリカが日本に対してやった戦後処理と同じように締め付けをし、南部から略奪した金をアラスカ購入の資金にあてた可能性もあるし、全部が全部日本の金ではなかったかもしれません。

馬渕　それは調べてみたら面白いと思いますし、いずれにせよ間接的とはいえ、米露を助けたのは日本ということになりますね。

高山　そうですね。日本は両方助けているんですよ。その際、日本から持ち出された金、つまり小判は純度が高かったからべらぼうな額になるんですね。メキシコ銀を持ち込んで、それとの換算で日本の小判を持っていったわけですから、もう濡《ぬ》れ手に粟《あわ》だったでしょう。

馬渕　ですから、米露関係といえば東西冷戦のイメージが強すぎますが、アメリカとロシアはずっと友好関係にあったんですよ。だから本来、米露が友好的な関係にあっても不思議でありませんし、今後のトランプとプーチンによる米露関係も、まずトランプがいまの対露制裁を徐々に解除していくなどして、よくなっていくと思うんですね。

そこで面白いことに、アメリカがアラスカを購入する際の資金として、日本から持ち出した金が役立っていたという構図を、そのまま現在の日米露の関係にあてはめてみると、プーチンとトランプを取り持つ安倍首相という構図になりますね。

髙山 安倍さんは、あまりいい役まわりじゃありませんね。

馬渕 いや、いい役まわりですよ。それはトランプの勝利が何で日本にとってメリットがあるかということに関係します。一般的にはロシアとアメリカの関係がよくなれば、ロシアの日本への関心が薄くなると見られているようですが、そうした見方は間違っていますね。

北方4島をプーチンが返せないこれだけの理由

馬渕 これからロシアが本格的に近代化し、経済発展を遂げるためには、どうしてもロシアの産業をハイテク化しなくてはなりません。そのために協力ができるのはアメリカではなく、日本だけなんです。このことをプーチンは十分にわかっているから、トランプになったからといってロシアが日本への関心を失うということはないと思います。

むしろ、日露関係がいままで以上にスムーズに機能するようになって、私は北方領土問題にもいい影響を与えると思っているんですね。

髙山 トランプの発言には、どうみても白人優越主義がまとわりついているように思います。

マーティン・ルーサー・キングの朋友だったジョン・ルイスという黒人の民主党下院議員がトランプを「正当な大統領としては認めない」と発言したところ、トランプはツイッターで「(彼は)いつも口ばかりで、行動や結果がついてこない」「(犯罪の多い)自分の選挙区のことを心配したほうがいい」などとやり返したため、これが民主党議員の大統領就任式をボイコットする騒ぎに発展しましたが、あれは明らかにアンチ黒人の姿勢です。

また、イスラム教徒を入国させないということに関しても、イスラム教徒に対するキリスト教の優越意識を思わせる発言もしていますし、日本について語るときも日中を一括りして言っているようで、これはもうアジアの劣等民族というとらえ方ですね。

台湾問題についても、トランプは中国が言う「一つの中国」を否定したり認めたり、そもそも何で勝手に決めるんだというところがありますし、その多くの発言と態度には二流の支那人が何を言うといった感覚がはっきり読めます。

あるいは、大統領選中にトランプ陣営とロシア情報機関が情報交換していたという、未確認情報を米メディアが報道したことに対して、トランプは「これは政治的な魔女狩りだ」とツイッターで反発していましたが、その後、ロシアが介入していたことを認めながらも、ロシアとの良好な関係維持に反対するのは「馬鹿」で「愚か者」だと連続ツイートしているので、そこにロシアだって同じ白人国家じゃないかという白人優越主義からくる同情心を感じてしまいます。

それともう1つ、北方4島問題については、私は日本が取り戻せても歯舞《はぼまい》と色丹《しこたん》の2島だけだろうと思っています。

日露戦争で負けたロシアに対して、セオドア・ルーズベルトはひと肌脱いで日本に1銭の賠償金も寸土も日本に与えなかった。ロシアを敗戦国扱いにしなかった。日本に与えたのはロシアが清から25年期限で借りた満州鉄道の利権だけで、要するに白人国家としてのロシアのメンツを保たせてやったわけですよ。

一方、ロシアは白人国家なのに黄色い日本に負けたというたいへんな負い目があって、それで何度もその汚名を雪《そそ》ごうとした。ノモンハン事件（1939年5月～9月）もその試みの1つですが、それも日本に敗れてしまいました（『ノモンハン事件の真相と戦果』）。

それで先の戦争が終わるとき、アメリカもイギリスもその他白人国家がソ連（ロシア）に武装解除した日本に侵攻を許して北海道を取らせようとした。

日本がポツダム宣言を受諾（1945年8月14日）して、武装解除した8月18日、ソ連軍は千島列島から北海道を目指していました。ところが出だしの占守島《しゅしゅむとう》で武装解除したはずの日本軍の抵抗にあって目茶苦茶やられてしまった。それで、大幅に日程が狂った。何とか南進したけれど国後《くなしり》を押さえたのが9月2日のミズーリ号の降伏調印の日。9月5日でやっと歯舞、色丹までできた。さすがに降伏調印が終わった後に北海道上陸は国際的にも許容範囲を超える。

結局、ソ連は白人国家公認でくれてやると言われていた北海道すら占領することができなかった。日露戦争で負け、ノモンハンで負け、さんざん日本にやられて、ようやく仕返しができて得られたのが北方4島ということです。

ソ連が対日参戦を決めたときに、スターリンは日露戦争の仇を取ると言ったそうですが、北方4島はロシアがようやく日本に勝って身につけることができた勲章なわけですよ。

それをあんな火事場泥棒みたいに掠《かす》め取るようなことをしてとんでもない、捕虜を奴隷扱いして60万人も働かせて、謝罪すべきだろう、4島丸ごと還せと言われて「はい、はい」とプーチンが承諾するとはとても思えません。

だから、私はプーチンが日本の技術協力を必要としているのはわかるけれども、プーチンが大物だとしたら歯舞、色丹の2島は還すかもしれませんが、国後、択捉《えとろふ》という白人国家のはしくれとして勲章は外さないと思うんですよ。

我々日本人はいつも人種というものを忘れがちだけれど、彼らはどんなことがあってもそれを忘れない。私は白人のメンツを考えると北方4島問題を楽観視することができないと思っています。

ロシアを牛耳ろうとしているユダヤ勢力

馬渕 楽観できないという点において私も同意見ですし、またロシア側からの見方も髙山さんがおっしゃったとおりだと思います。

ただ人種の問題から申し上げると、実はいまのロシアには別の人種問題があって、それはユダヤなんですよ。もっとはっきり言えばネオコンというのはもともとユダヤで、いまロシアをユダヤ勢力が牛耳ろうとしているんです。

ご存じのように皇帝ニコライ2世のときに弾圧されていたユダヤ系の革命家たちがロシアに戻って起こしたのがロシア革命であって、ユダヤ人がロシア人を倒したわけですから、言い換えればそれはユダヤ革命だったんですね。

そして、ロシアはスターリンのときに一国社会主義体制になって、トロツキーが言っていたように世界に共産主義を広げる前に、まずロシアの体制を整えようということになったものの、結局トロツキストが分かれていってアメリカにも渡り、その末裔がいまのネオコンになったわけです。

こうした背景があって、先ほど髙山さんがおっしゃっていた白人意識については、私も正しい見方だと思うけれど、ロシアについては白人だけではなくユダヤ勢力とどう対応していくかという、もう1つの人種の問題があるんですね。

だからなぜ、いままでロシアが世界のメディアによって基本的に悪者扱いされてきたかというと、その最大の理由はユダヤ勢力の動きであって、メディアを牛耳っている彼らがプーチンこそ侵略主義者だと喧伝《けんでん》しロシアを追い詰めてきたわけです。

また、たしかにプーチンに白人意識がないとは言えないけれど、彼にとって最も重要なことは、はっきり言ってしまえば、もう2度とユダヤに国を支配されないことなんですね。もちろん、こうしたことは正面切って言えないことですから、そこをどう上手くマネージするかがプーチンに課せられていることであり、彼の腕の見せどころになっていると言えます。

いままでアメリカはユダヤ勢力に基本的には牛耳られてきて、ゆえにロシア悪人説が一方的に流されてきたわけですが、トランプはこうした状況を変えようとするでしょう。

するとプーチンは一息つくことができて、ロシアの近代化を果たすべく、天然ガスの価格に左右されないような本格的な国づくりを目指すことができるはずで、それで初めてロシアは大国への道が開かれるんですね。

その近代化のカギを握っているのが日本であって、私はこれからプーチンと安倍さんのあいだで、さまざまな直取引が交わされると予測しているんです。ですから、我が国としてはロシアのメンツを損なわないようにして残りの2島も還してもらうようにできればと思いますし、その可能性はあると思っています。

ポストプーチンは誰か？

髙山　ずっと直航不能とされた北極海が温暖化もあって結構通航可能になってきたと言われています。実際、冬季も結構通航しています。東海大学海洋学部の山本茂貴《やまもとしげき》教授が言われていたように国後海峡の重要性は薄れてきているような気がします。

それでも私は先ほどの勲章論の見方から、白人国家なのに日本に負けたという日露戦争の汚辱をロシアはようやく拭《ぬぐ》い去ることができて、半世紀かけて国後、択捉をやっと勲章にすることができたというプライドはあるような気がするんですね。

それに、馬渕さんがいま言われたことを考えてみても、プーチンに勝る宰相は当面出てこないと思いますし、安倍さんも山口まで呼んであれだけ話をしたのですから、プーチンは自分の時代にやるべきことはやろうとしていると思います。

それにしても安倍さんと会ったときにプーチンは終始仏頂面をしていて、手さぐり状態という表情をしていたのが気になりました。白人国家でありながら、かつて負けた戦勝国

ご購読ありがとうございました。今後の出版企画の参考に
致したいと存じますので、ぜひご意見をお聞かせください。

書籍名

お買い求めの動機

1　書店で見て　2　新聞広告（紙名　　　　　　　　　）
3　書評・新刊紹介（掲載紙名　　　　　　　　　）
4　知人・同僚のすすめ　5　上司・先生のすすめ　6　その他

本書の装幀（カバー），デザインなどに関するご感想

1　洒落ていた　2　めだっていた　3　タイトルがよい
4　まあまあ　5　よくない　6　その他（　　　　　　　　　）

本書の定価についてご意見をお聞かせください

1　高い　2　安い　3　手ごろ　4　その他（　　　　　　　　　）

本書についてご意見をお聞かせください

どんな出版をご希望ですか（著者、テーマなど）

郵便はがき

料金受取人払郵便

牛込局承認

7734

差出有効期間
平成30年 1 月
31日まで
切手はいりません

1 6 2-8 7 9 0

東京都新宿区矢来町114番地
神楽坂高橋ビル5F

株式会社ビジネス社

愛読者係行

ご住所 〒 TEL:（ ） FAX:（ ）		
フリガナ お名前	年齢	性別 男・女
ご職業	メールアドレスまたはFAX メールまたはFAXによる新刊案内をご希望の方は、ご記入下さい。	
お買い上げ日・書店名 年 月 日	市区 町村	書店

の宰相としては、日本に対するときにああした表情を国民向けにしなければならなかったとしても、私は非常に失礼だと思いましたね。

馬渕　国民向けの表情というのはあると思います。２０１８年の大統領選挙にプーチンは出るでしょうからね。いまのプーチンの支持率は80％と高いけれど、5年前の大統領選挙のときは60％で、この支持率はロシアの指導者にとって決して高くないんです。

それに前回、プーチンが大統領選挙に出るということでモスクワを中心に反プーチンデモが起こっていますから、それが頭にあって次の大統領選挙の前に万が一にでも北方4島を日本に返還してしまったら、それはマイナスに作用するだろうという計算が、プーチンにはあると思いますね。

高山　プーチンが大統領の座を1度おりて首相となって、代わってメドヴェージェフが大統領になったときに私はウラジオストクに行っていたのですが、そのときにプーチンは日本からの中古車輸入をいっさい禁止した。あそこは日本の中古車で食べているようなところですから、もうウラジオストクの街は大騒ぎだったんですよ。

馬渕　メドヴェージェフじゃなくて、プーチンがやったんですか。

高山　プーチンが首相のときです。ちょうどウラジオストクやナホトカを回っているときにプーチンがこちらにくるということになって、日本の中古車を扱っている人たちだけでなく市民も総出で激しい反対デモを繰り返していた。さあプーチンはどうするか楽しみに待っていたんですが、プーチンは途中まできてモスクワに戻ってしまった。ちょっとがっかりしました。

ロシアでは、日本の中古車とロシア製の新車がほぼ同格で取引されていて、街で見かけるクルマの99%は日本車で、残り1%が韓国製とかのバスという感じでした。デモのプラカードには「ロシアを離れて日本に帰属しよう」なんていうのもありました。笑っちゃいました。

馬渕　彼が首相時代にそんなことをやったのは知りませんでした。

高山　日本に厳しい姿勢を示すという意味だったんですかね。

馬渕　あるいは、よくわかりませんけど、中古車ディラーをやっているのがマフィア系で、そういう輩を押さえるという趣旨だったのかもしれませんね。

髙山さんがおっしゃったように、日露戦争の仕返しをしたかったロシア、白人国家としてのロシアということも、ロシアを見る上で重要な指摘だと思います。

けれど、もう1つ私が指摘したいのは、ロシア人というのは大国意識が強いけれど、いまのロシアは本当の意味での大国になっていないので、そのためにはどうしたらいいかということで、その答えは先ほど申し上げたようなことです。

軍事力は、ほぼアメリカに匹敵していますが、ないのは経済力なんですね。とくに経済を支える産業の近代化が遅れていて、私がソ連に勤務していた30年余り前、ロシアのクルマは戦車のようで、テレビなどの家電もごつごつとした代物で実用的ではありませんでしたが、その頃からあまり発展していないように思います。

軍需産業の関係で飛行機やロケット、あるいは宇宙開発事業はそれなりの発展を遂げているでしょうが、ロシアの製品として思い浮かぶのは、自動小銃のカラシニコフと人形のマトリョーシカぐらいのもので、民生用の製品がほとんど見当たりません。

とりわけハイテク産業とソフト産業がだめで、ロシアの経済は世界3位と言われている石油の産出に支えられている状態ですから、すでに進んでいる石油および液化天然ガスのパイプラインの敷設はもちろんのこと、多方面での日本の技術協力がロシアは是非とも必要なわけです。

髙山　日本の技術協力によってロシア経済がある程度上向いてきて、歯舞、色丹ぐらいは還そうかということになればいいですね。

馬渕　私は歯舞、色丹は当然として、国後、択捉が返還される可能性もありうると思っています。両島とも小さいし、海洋権益上あるいは国防上必要ということはあるかもしれませんが、領土的な重要性はあまりないように思いますし、国土が日本の45倍もあって、しかも人口が減っている国が、持っていても仕方ないでしょ。
ロシアの本当の大国になりたいという意識と日露戦争の仕返しとしての勲章という意識と、今後、はたしてどちらが強くなっていくかというと、どちらにも転びうる話だと思いますし、だからこそ、そこにはまだ2島と言わず4島返還のチャンスはあるという気はしますね。

髙山　ところで、ポストプーチンって誰かいるんでしょうか?

馬渕　いまはいないでしょうね。強いて言えばメドヴェージェフということになるでしょうが、彼はご存じのようにユダヤ系ですから限界があると思います。
日本に対して厳しいし、アメリカのユダヤ系と結び付いていたわけで、大統領時代に米露関係のリセットなんてやり始めたけれど、4年間ですぐにプーチンに代わりましたから、彼は大統領としてはふさわしくないと思います。
従って次々回の大統領選挙にはメドヴェージェフに代わる誰かがユダヤ系ではなく、ロシア系の政治家が出馬してくると思いますが、そこまではプーチンが大統領にとどまらざるをえないでしょう。

髙山　ロシアは、いま瀬戸際なんですね。

馬渕　そうですね。私は、むしろ安倍さんのほうがゆとりがあると思います。日本としては北方領土がなかなか戻ってこないのは格好悪いけれど、別にいますぐ困るわけでもないし、ＧＤＰが下がるわけでもないでしょう。しかし、ロシアは産業を近代化させなければ経済が立ちゆかない状況です。

たとえば、白人国家で平均寿命が60歳というのは恥ずかしいじゃないですか。従ってプーチンが受け入れた日本の8項目提案のなかには、平均寿命を延ばすプロジェクトが入っていますし、ロシアのハイテク産業のために必要な項目が列記されています。

これは、単に経済協力と領土との取引という観点ではなく、ロシアを名実ともに大国にしたいというプーチンの要望に応えるプロジェクトであって、私は、プーチンのそうした強い意思を安倍さんは十分に汲《く》み取っていると思います。

第3章　グローバリズムを知らない日本人

グローバリズムは21世紀の共産主義

馬渕　グローバリズムとはいったい何なのかということについて、日本の言論界ではその意味を十分掘り下げて議論されているとは思えません。日本のメディアが言っていることのほとんどは、グローバリズム擁護論です。

グローバリズムは世界的傾向であり、それゆえその普遍的価値が重要なんだと。先の大戦後、アメリカが築いてきた国際的価値といいますか、国際秩序が重要なんだと、依然としてこうした発信が続いているわけです。

とはいえ現在、トランプはグローバリズムがもたらした負の側面に果敢に挑戦しているので、グローバリズムの推進派からすると彼は悪だという非常にわかりやすい構図になっていると思います。要は、グローバリズムが本当に普遍的な価値に相当するのか否かということが問題なんですね。

グローバリズムの学問的な定義はともかくとして、私はよく、政治学者のズビグニュー・ブレジンスキー（カーター時代の大統領補佐官。オバマ前政権では外交顧問を務めた）の言葉を思い起こすのですが、彼は「グローバル化の歴史的意義は何か」ということを本に書いていて、それは歴史の必然だと言っているんですね。

つまりグローバリズムは富の格差をもたらしたりするので、必ずしも人類の福祉に役立つとは限らないけれども、歴史の必然であるから世界中がそれに従うべきだという理屈です。

この歴史必然論はジョージ・ブッシュ時代の頃に、いわゆるユニラテラリズム（単独行動主義）を正当化する口実として使用されるようになり、グローバル化がおくれている国に対して、アメリカは自由に干渉できるんだという屁理屈《へりくつ》がまかり通るようになったわけです。

髙山　「グローバリズムは歴史の必然だから反対する奴が悪いんだと。だから、そういう奴は倒さなければいけないと。そのためにアメリカは介入してもいいんだ」と、簡単に言えばこういう理屈なんですね。

馬渕　しかし実は、グローバリズムというのは東西冷戦時代の共産主義国による共産主義輸出論と同じであって、私は機会あるたびにグローバリズムは21世紀の共産主義だとずっと言ってきました。

では、グローバリズムというのは何かというと、世界全体を1つの市場に統一するということですから、国境管理というものが不要になって、国境が便宜上廃止されてしまうわけです。現にEUは部分的にそういう状態になっています。

するとどうなるかというと、ブレジンスキーがはっきり述べているとおり、モノの移動の自由化が自由貿易、カネの移動の自由化が国際金融市場というか金融市場の開放、3番目がヒトの移動の自由化ということで、周知のとおり、この3番目がいまEUで大きな問題になっているわけです。

シリア難民がEUに押し寄せ、無法国家リビアからは地中海を渡ってイタリアに難民が押し寄せるという状況は、まさにヒトの移動の自由化が一番遅れているということであって、ブレジンスキーはこれを上手く調整し推進する国際機関をつくるべきだとまで主張している。

また、ヒトの移動の自由化を唱えているもう1人の論客であるジャック・アタリは、自分がワン・ワールド主義者であることを明確にしていて、グローバリズムの最終目的は世界政府をつくること、つまり、世界を統一する思想だと言っています。

しかし、グローバリズムは世界統一を目指すイデオロギーであることをメディアも多くの知識人も、認めようとはしないのですが、それでいてグローバリズムには普遍的価値があって、自由とか民主主義とか、人権尊重とか、法による支配とか、誰も反対できないきれいごとに目を向けているので、グローバリズムの正体を隠蔽《いんぺい》する危険な感じがしてならないですね。

ですからグローバリズムが、いままでアメリカの多国籍企業の価値観を普遍的価値観に置き換えてきたというか、乗っ取ってきたわけで、私はトランプが反グローバリズムを標《ひょう》榜《ぼう》するようになったのは当然のことだと思っています。

普遍的価値ということで自由、民主主義、法の支配などといっても、それは各国各様、民族・歴史・文化などによって異なるわけで、それを1つに統一しようとするところがグローバリズムの危険な点であり、それは実は共産主義と同じであると私は指摘してきているのですが、いろいろ知識人の方も含めてグローバリズムは良いことだと思い込んでいる向きが多すぎるのではないかということです。

つまり戦後、アメリカが主導してきた国際秩序を守るべきで、ときにはアメリカにも失敗はあったかもしれないが、基本的には世界平和のために積極的に関与してきたわけで、トランプ大統領も、こうしたアメリカの伝統的な政策を継承すべきだと、グローバリストたちは考えていると思うんです。

ところが現状はといえば、グローバリズムに対してNOという世論が世界中で高まってきており、イギリスのEU脱退、そしてトランプ新大統領の登場という形で、それが明らかに具現化されたんですね。

高山　極東と言われているとおり、日本は辺境にあり、おまけに四面海という地理的に孤立した位置にあるからでしょうか、国民はグローバリズムというのをあまり肌で感じていないように思います。

人の行き来については、最近外国人の訪日が増えたなと思っても、言い方に語弊があるかもしれませんが、支那人と朝鮮人ばかりが増えていて、これが外国人かよというのが正直な日本人の感覚でしょうね。

それに、どうも日本人の意識にある国際化とか外国というのは、結局アメリカや欧州などに限られている気がします。

しかしメディアはそう伝えないし、ジャーナリストあるいは外交官なども含めて、我々が潜在的に持っている人種に対する違和感みたいなものが、そこに淀《よど》んだままグローバリズムを理解しようとするから、何かすごくいいものだというように、勝手に思い込んでいるところがあるんじゃないでしょうか。

私の場合を言うと、グローバリズムの受け止め方が非常にぼんやりしていて、時折り間違えているんじゃないかなと感じるときがあります。

国連が機能不全に陥り、大国の論理がまかり通るようになった

高山　世界平和のため、自由のためということで、世界のどこかで紛争が起きた場合、本来は国連が機能して安全保障理事会での審議を通じて国連平和維持活動（ＰＫＯ）が行わ

れることになっている。日本の自衛隊の南スーダンにおける活動がその例ですね。しかし、なぜかそんな安全保障理事会にチベットやウイグルを侵害している侵略者、略奪者の支那が入っている。

この国連のシステムが、しばらく前からまったく無視され機能しなくなった。いい例が支那で自分が侵略行為やっていて、国連が問題視すると拒否権で潰してしまう。常任理事国はみな同じですね。それでその代わりに大国の論理で勝手に相手を悪とみなして軍事行動を起こせるようなシステムを作り出した。いわゆるR2P（responsibility to protect：保護する責任）に基づいた行動で、イラク戦争やボスニア紛争あたりから、それが常態化してきてしまった。

ちなみにR2Pというのは、自国民の保護という国家の基本的な義務を果たす能力がなかったり、その意思のない国家に代わり、国際社会全体が当該国家の人々を保護する責任を負うという概念のことです。

馬渕　国連の軍事行動についてよく議論されているのが人道的介入ということで、これは人道的介入に値するかどうか誰が判断するかというと、本来は国連の安全保障理事会がやるべきなんでしょう。

しかしそれは、価値観が大きく違う5カ国が常任理事国になっているのでまとまらないわけです。従って、アメリカが勝手に決めることになって、有志連合を主導する形で、これまで軍事行動に出ているわけです。

髙山　そうですね。先ほどの話に出たように、グローバリズムの普遍的価値に反対する奴は叩いてしまえという理屈でね。本来だったら国連の安全保障理事会で審議され、常任理事国の決議を得る格好になっているのに、まともに機能しているようには見えない。

たとえばイスラエルの一方的な建国も最終的に国際連合が多数決で決めました。

それから1979年のソ連軍によるアフガニスタン侵攻は、9年にわたる泥沼戦争となり、ソ連軍はアメリカに支援された反政府ゲリラにやられて抜き差しならない状態に陥り、撤退するときに初めて国連にすがりました。あのときは国連軍が派遣されてソ連の引き上げを支援したわけでしょう。ちなみにこの戦争によるソ連側の戦死者数は1万5000名以上にも上っているんですね。

馬渕　あれは国連軍が支援したんですか。

髙山　国連が監視団を派遣し、1988～1989年にソ連軍の安全な撤退を支援していて、その2年後、1991年にソ連は崩壊しています。

馬渕　国連の安全保障理事会については、これまでさまざまに議論されていて、興味が尽きないところがあります。

余談になりますが、何もしなかったという意味で史上最悪の国連事務総長と言われている、韓国の潘基文《パンギムン》のことがあげられますね。国連事務総長というのは自国に有利な言動や行動をしてはならない立場なのに、2015年8月の安倍談話に対して、中立性に欠ける韓国擁護発言をするなど、折々に反日姿勢を示しただけの事務総長でした。

国連軍について申し上げると、実は国連軍は朝鮮戦争のときに史上初めて編成されているんです。朝鮮戦争はいうまでもなく北朝鮮と南朝鮮（韓国）の戦いだったわけで、当然国連軍（事実上はアメリカ軍）の編成・派遣についは安全保障理事会にかけられ、5常任理事国の決議を得る格好になっていたはずですが、当時は、北朝鮮のバックに安保理決議に拒否権を持つソ連が控えていたわけですから、どうして国連軍が編成され北朝鮮と戦うことができたのかという疑問がわきますし、これは歴史的な大事件であったはずなんですよ。

ところが学者はこうした事実を指摘していません。それでどう言っているかというと、私も学生時代に習いましたが「蔣介石《しょうかいせき》の中華民国が安保理のメンバーとして居座っていることにソ連が抗議して、安全保障理事会の審議をボイコット中だったから」と、わけのわからない説明をしているわけなんですけれどもね。

学者というのは、このように非常識なことを自分の頭で考えずに主張するのですが、おそらく世界的な通説というか、アメリカの学者が流した話を日本の学者が受け売りしているだけだと思います。

これは常識的に考えてみればおかしな話なことはすぐわかるはずです。朝鮮戦争でソ連の同盟国・北朝鮮が戦っているわけですから、北朝鮮の敵となる国連軍の創設についての安全保障理事会の審議をソ連がボイコットするはずがありません。このことについて私は『[新装版]国難の正体』(ビジネス社)という本に書いたんですが、事の核心はスターリンが安全保障理事会を欠席しろと言ったからであって、グロムイコの回顧録にその事実が記されています。

国連軍の創設というソ連および北朝鮮にとって不利な決議案には拒否権を行使すべきだと進言したグロムイコに対して、スターリンは「ソ連は安全保障理事会に出席するべきでないな」と言ったといいます。

ここから東西冷戦がどういうものかという疑問もまた出てくるんですが、それはさておき、朝鮮戦争のときに国連軍ができたといってもこれは例外であって、問題は結局、国連は機能してこなかったということなんですね。

我々が学校で習ったのは、国際連盟の失敗に懲りて、国際連合では安保理の常任理事国に拒否権を与えたとなっているでしょう。つまり大国の意に反したことはやらないと。

そうすると、学生あたりは真面目で疑うことを知らないから「国連のシステムは優れている」などと思うんですけれど、実は5カ国の常任理事国の利害に反するものはいっさい国連では扱えないわけです。そんな致命的欠陥をかかえている国連なのに、日本は国連尊重なんですよ。

R2P（保護する責任）は国連を無視して軍事行動を取るための口実

髙山　国連の存在について考えると、日本国憲法の前文に「日本国民は……平和を愛する諸国民の公正と信義に信頼して……安全と生存を保持しようと……」といった表現があって、これに近い感じを受けるんですけど。

馬渕　そうそう。

髙山　どこ見回しても平和を愛し信頼できる諸国民がいないので困ったな、と思ったはずです。しかし日本国民はどこかに依拠して生きて行けと、あの馬鹿憲法に書いてあるんですから、「平和を愛する諸国民」の代替が必要で、それに国連を当てはめ、縋《すが》らなければならないんだという具合になったのではないか。その馬鹿らしさを一番よく知っていたのは外務省だと私は思いますね。

馬渕　馬鹿さ加減を（笑）？

髙山　そう、馬鹿さ加減ですね。だから90年代1省1局削減をやったときに、外務省は積極的に国連局を削減しました。つまり、国連は外務省ですら匙《さじ》を投げてしまったわけです。

そして、これに代わりうるものを模索しているうちに共産主義が崩壊していき、その後に出てきたのが一挙にグローバル化を図ろうとする気運で、国際連盟と同じ轍《てつ》まないように制裁権を与えた、R2P（保護する責任）という手段が登場したと私は思っています。

つまるところ、R2Pを設けた理由は、保護を名目に、世界のどこでも軍事行動が取れるようにするためなんじゃないか、と。

馬渕　そう、口実ですよね。それは別の言葉で言うと、先ほど申し上げた人道的介入ということなんです。たとえば今回のシリアの内戦に対して、シリア国民は保護される権利があると、だからアメリカもロシアもそれを表向きの口実として介入したということですね。

髙山　そういうことです。

馬渕　だから結局、アメリカがというよりグローバリストがと言ったほうがいいんでしょうが、いつでもどこでも軍事介入できる口実を探しているんですよ。

それをまた彼らの御用学者が、人道主義とか普遍的価値を持ち出してR2Pを理屈付けするわけで、たとえば、アメリカからすれば保護する権利になり、内戦に震えるシリア国民にすれば保護される権利となるわけなんです。

髙山　だからグローバリズムというのは良さそうに見えて、実は意図を持った暴力システムじゃないかという感じがしますね。

馬渕　おっしゃるとおりです。従来は一応、内政の問題は国民国家が責任を持つ体制だったわけですが、国家の責任を飛び越えてしまってお前の国はだめだと、だからお前に代わって俺がやるというのがR2Pなんですよ。

髙山　南スーダンもそうですし、チュニジアのジャスミン革命からスタートして、エジプトやリビアへと広がっていった「アラブの春」なんかもそういうことで、そこにNATOも手を貸すということもあって、そのやり口が実に汚いですね。

馬渕　要するに国民が抑圧されたり、国民の不満が高まっている状態に乗じるわけで、やっていることは共産主義者と同じなんですよ。虐げられている人民のために革命をやるべきで、我々はそれを支援する、そこのどこが悪いんだという理屈です。

髙山　ハンガリー動乱（1956年）のときのソ連の介入も、シリアなどの場合と対立構造が違いますが同じようなことですね。奇妙に理屈をすり替えて国連の機能低下に乗じて、我々が期待していた世界の警察官であるアメリカの力が衰えたときに、ソ連軍は、ソ連の権威と支配に対して蜂起《ほうき》したハンガリーの民衆を鎮圧してしまいました。

馬渕　だから「世界の警察官＝アメリカ」ということではなく、本来は「世界の警察官＝国連」であるべきなんですよね。しかし、安保理の常任理事国5カ国の利害が異なるが故に国連が機能しないので、アメリカが東西冷戦終了後に世界の警察官として躍り出たわけです。そして何をやったかというと、たとえばイラク戦争（2003〜2011年）のときには、ご承知のとおりサダムを叩くのに大量破壊兵器を隠し持っているといった嘘《うそ》ばかり並べて叩いたんですよ。

高山　それこそ普遍的価値観に反するということで、単なるイスラム教の宗派間の殺し合いにまでレベルを下げてね。

馬渕　その前にイラン・イラク戦争（1980〜1988年）もやらせているでしょう？

高山　そうです。ちょっと能力のありそうな国が出てくると徹底して叩くんですよ。

馬渕　それも重箱の隅をつつくようなやり方で……。

ミャンマーのロヒンギャ問題はアウンサン・スーチー潰しが目的か？

馬渕　グローバリズムから話が飛びますが、いまちょっと心配しているのがミャンマーなんですよ。

現在もロヒンギャと仏教徒との衝突が絶えず、バングラデシュなど周辺国との国境地帯でロヒンギャが難民化しているとはいえ、イスラム教徒で推計80万人と言われるこの少数民族について、何でミャンマー政府は大々的な問題にしているのでしょう。

これはミャンマーの国内問題ではなく、国際社会の問題だというように仕立て上げている感じがするんですが、おそらくその背景には、アウンサン・スーチー潰《つぶ》しという目的が隠れているのではないのかと疑っているのですが。

高山　いえ、アウンサン・スーチーはむしろネ・ウィンの流れをくむビルマ民族主義者を敵視する英国の手先じゃないかと思います。ミャンマーことビルマは英国の植民地にされ、複雑な民族、宗教問題をかかえさせられているので、少し解説したいと思います。

本来この国は仏教を信ずるビルマ人の単一民族国家でした。それが19世紀に英国に支配されると、大量のインド人と華僑《かきょう》が入れられ、金融や商売を担うようになる。加えて、モン、カチンなど周辺の山岳民族を山から下ろしてキリスト教に改宗させ、彼らに警察と軍隊を構成させせました。

単一民族、単一宗教のビルマは英国によって多民族、多宗教国家に改造されたのです。一方、この国の本来の主人であるビルマ人たちは農奴に落とされてしまった。

この英国の植民地支配に抵抗し、ビルマ人の国を再興しようとしたのが、スーチーの父であるアウンサンだった。彼は日本軍の支援を得てインド人を追い出し、山岳民族が仕切ってきた警察と治安部隊をビルマの人の手に取り戻しました。彼は権力争いに見せかけて英国に殺されましたが、その遺志を継いだのがネ・ウィンとそれに連なる軍事政権だった。

皮肉なことにスーチーはその事実を知らぬままに、彼らビルマ民族主義と対立するグローバリストとして英国に擁立されたわけです。

ところが、スーチーも根は仏教徒のビルマ人のため、イスラムであるロヒンギャを異物として嫌い追い出している。それに対し英国は偏狭さを持つな、博愛主義でいけというが、スーチーは譲らない。というのが対立の構図なんです。

馬渕　なるほどそれで、これまでミャンマーを牛耳ってきた軍事政権はロヒンギャを迫害してきたわけですね。英国は多民族性という普遍的価値を押しつけてミャンマーを分裂させようというういつもの手口です。これが第2次大戦後、世界のいたるところで秩序化されてしまったんです。

ジャーナリズムがサダム・フセインを天下の悪党に仕立て上げた

髙山　イラク戦争のときに、サダム・フセインを叩くのに嘘ばかり並べて叩きましたが、その嘘を積極的に喧伝したのは、グローバリストと組んだアメリカのジャーナリズムでした。

サダムは彼らによって天下の悪党にされてしまっています。しかし実は、サダムはイラク国民のみならず、周辺のアラブの民からも尊敬されていた〝アラブの新しい星〟だったんです。

1972年に彼は、セブン・シスターズ（第2次大戦後から1970年代まで、石油産業を事実上牛耳っていた7大石油メジャーの呼称）が持っていたイラク石油を取り返し、国有化に成功しています。それまでイラクに入った収入は売り上げの4％で、残り全部を石油メジャーが持っていっていたのですが、サダムはフランスを抱きこんで石油国有化を果たした。イラクの財政は一気に豊かになっています。

前にも述べましたが、1980年に大統領になったサダムは石油収入の多くをインフラ整備、農業改革、教育振興などに振り向け、全国に学校をつくって学校教育を強化し、女性をイスラムのくびきから解放し、チャドルをぬがせた。それでユネスコから表彰もされています。

それにイラン・イラク戦争については、私は湾岸戦争（1990〜1991年）と同じように、アメリカが結構けしかけていたところがあるんじゃないかと思っています。

イランの南西部に、イラクと国境を接するフーゼスターン州があります。アーリア系イラン人とは違うアラブ人が多く暮らしていますが、ここがまた石油の宝庫でした。それでアラブの民族主義を標榜するサダム・フセインが、アラブ領土の失地回復という大義名分を掲げて侵攻し、アラブ人の土地はアラブ人に返せと言って始まったのがイラン・イラク戦争です。

従って、この戦争はアラブ人対イラン人の民族主義戦争という側面があります。イラン・イラク戦争の直前にはテヘランのアメリカ大使館占拠事件もあり、アメリカは表向きは反イラン反ホメイニでしたが、裏ではこっそり武器を補給していた。いわゆるイラン・コントラ事件です。一方、イラクも支援して西独を通し毒ガス兵器を供給していた。ために、イラン・イラク戦争は8年も続き、中東の二大大国をともに疲弊させました。

アメリカ特有の「インディアン戦争」方式で潰してしまったわけです。

それなのに、最後には「イラクは大量破壊兵器を保有している、悪の枢軸」と名指しして、そうした論調でアメリカの新聞が世界に発信して、サダム・フセインは天下の悪党にされてしまったわけです。

馬渕　そう。それは典型的な話で、いまおっしゃったことは、要するにグローバリズムとナショナリズムの戦いであって、ナショナリストをおだてて潰していくのがグローバリストということなんですね。

髙山　その手足というか、おそらくその手段は新聞でしょうが、新聞はあらかじめお膳立《ぜんだ》てをしていて、サダムはイスラムシーア派を虐殺したとか事前にストーリーを作っているわけです。

馬渕　そうなんですよ。事前につくっているんですね。R2Pを口実に有志連合を集めて叩く前に、サダムがもう世界の悪者になっているわけですよ。

髙山　余談ですが、私のコラムをまとめた本のタイトルを『サダム・フセインは偉かった』と付けました。そのとおりだったんです。

馬渕　『カダフィは立派だった』というのもありますね（笑）。

髙山　いやほんとですよ。アメリカの新聞が悪者だって否定するので、逆に、ほんとに悪かったと思っている人はいないんじゃないかと思ってしまいます。先ほど話に出た潘基文について新聞が無能だったという。あれだけは正解だと思いますが……。

馬渕　そのとおりで、潘基文がそれ以上酷評されなかったのは、ああいう機能不全の国連だったからなんですよ。中国はともかくとしても、アメリカもヨーロッパもあの人でいいと容認していた理由は、おそらくああいう何もやらない無能な人物のほうが、都合が良かったからですよ。その証拠に「アラブの春」のときも、シリアに対しても国連は何もやらなかったでしょ。

アメリカのオバマ政権はというと、「世界の警察」をやめると宣言して、あとでシリアの内戦には消極的な形で介入しましたが、「アラブの春」はただ傍観するだけでした。

日本の外交は国益ではなく友好という誤ち

髙山　今度、トランプが国連に金を出すのをやめるというようなことを言い出すかもしれませんね。

馬渕　すでにアメリカの新国連大使に任命されたニッキー・ヘイリーが、国連への拠出金22％は多すぎるので見直すと言ってますね。日本の9・68％も多すぎると思うし、自国の意に添わない負担分はどんどん減らせばいいんですよ。それに、中国はG2なんて身のほど知らずなこと言ってるんだから、アメリカと同額にさせたらどうですか。

国連は3度目の世界大戦を起こさないために必要だということで出発して、表向き国連憲章に謳《うた》われているように、国連は平和維持機関だという国連信仰があるけれども、実は虚飾に満ちた世界というか、水面下での足の引っ張り合いで成り立ってきているんですね。

髙山　さっきの日本の外務省が国連局を潰したという話は慧眼《けいがん》だったと思うけれど、拠出金ということで思い出されるのが、アフガニスタンの大使になった（2002〜2004年）駒野欽一《こまのきんいち》さんです。

彼がアフガンから戻ってきた頃でしたか、最後、本省で金を出すODAの担当になったので、「なんで金ばかりくれてやるんだ」というようなことを聞いたことがあるんです。するとと彼が「これは最善の外交だ」と言うので、ちょっとそれは違うんじゃないのと思いましたね。

馬渕　駒野さんはペルシャ語を得意としていて、なかなか有能な方ですけれども、外交の目的は友好関係の樹立だと、本当にそう信じているんですかね。

外務省の役人のほとんどがそう信じていて、だから韓国や中国とも基本的にはいつも友好関係を樹立しなければならないという姿勢で臨んでいて、向こうが何か一方的に文句つけてきた場合でも、「はあ、さようでございます」と最初から妥協するように対応しがちなんでしょう。

髙山　ただ、どうなんでしょう。ちょっと憲法の話に戻ると、マッカーサー憲法には平和を愛する諸国民に組って生きていけと書いてあるので、よその国の悪口とかは言えないわけで、言えば、憲法違反になるんじゃないのかな（笑）。

馬渕　逆に皮肉の意味でそういう議論を展開してもいいですね（笑）。

髙山　悪口を言えないから、あいつは悪い奴だと批判なんかできない。だから「友好という選択肢しかないんだ」というのが、要するに日本外交だという見方もできますね。

馬渕　ある程度そうかもしれませんね。いずれにせよ、1956年に日本の国連加盟が認められたこと、これが本当に悲願だったわけですよ。

言い方を変えれば、日本は今後いっさい悪いことは致しません。反省を十分しました。

だからもう諸国民の皆さん方の好意にお縋りして、日本は生きて行きます。日本の安全は皆さんにお任せしましたと、こういうことなんでしょう。

高山　従って、そういう意味で自衛しちゃいけない、もう仮想敵なんかいないんだと。

馬渕　そう。皆さんは悪いことをなさる人ではありませんということですね。

だからこのように考えていけば、いまの憲法論議にも新鮮な方向性が見出せると思うんですがね。

高山　憲法論議はそこから始めなきゃいけない。憲法前文に書かれていることはいったい何なのか、まったく意味をなしていないじゃないか、というところからですね。

馬渕　そうそう。逆にいうと、沖縄の人も、沖縄の知事もアメリカを批判しているから憲法違反をしていることになっちゃうんですよ（笑）。いや、本当にそういう馬鹿げた話になるわけで、中国、韓国はもちろんのこと、アメリカやロシアに対しても批判なんてしちゃいけないことになるんです。

しかしそのように馬鹿げたことが、要は普遍的価値だと思い込んでいる向きも多くいて、日本国憲法の9条をノーベル平和賞の候補にしようなどという、ナンセンスな話まで出てきているわけです。

グローバリズムの本当の脅威を知らない日本

髙山　私は、R2Pというのがこれからグローバリストの武器になるのかなと、ぼやっと思っていましたが、ここまでの話で、ああやっぱりそうだったのかと納得できてスッキリしましたし、グローバリズムの展開がわかったように思います。けれど重要なのはこれからですよね。

トランプはこれまで反グローバリズムの発言を繰り返していて、国境を取り払うんじゃなくて、国境をつくって不法移民を入れないんだなどと明言しているわけで、グローバリズムのまったく逆を行っています。あと世界の指導者で、トランプのように強い政治姿勢を示している人というと誰があげられますかね。

馬渕　ロシアのプーチン大統領、インドのモディ首相、あと強いて言えばトルコのエルドアン大統領、それからもちろん安倍首相も入るわけですよ。

髙山　安倍さんが入りますか。安倍さんはトランプとは逆で移民を推奨したりしていませんでしたかね。

馬渕　移民とははっきり言っていませんが、開かれた日本にしたいとは言っています。

トランプの国境の話は、単に物理的にメキシコとのあいだに壁をつくるということもあるけれども、精神的に国境を持てという意味もあって、むしろそちらのほうが重要で、要はウエストファリア体制（国民国家体制）に戻れということです。

髙山　ああ、なるほど30年戦争（1618年のベーメン〈現在のチェコ〉の反乱から始まったドイツのキリスト教新旧両派の宗教内乱からヨーロッパ各国が介入して国際化した戦争）に決着を付けた1648年のウエストファリア講和条約の考え方ですね。

馬渕　これはそれぞれの国家がそれぞれに主権を持ち、自国内のことを自国で決める権利を持つということなんですよ。

つまり自分の国に対して、国も地方も中央・地方の行政も国民も責任を持ち、責任を果たした上でのグローバル化なんですね。その上で移民したい人は移民してもいいでしょうが、責任を果たさずに国際交流というのは本来、ありえないわけです。

それがいま内政不干渉の原則は事実上なくなりました。先ほどのR2Pの話じゃないけれども、お前は保護されるべきだから俺が保護してやるっていうのでは、ろくなことになりません。

しかし、このような、いわゆる国際干渉政策はもう行き詰まっています。

ウエストファリア体制の考え方を否定するのがグローバリズムというわけですが、2016年までの経験で、やはり、国民国家が国際社会の基本的な単位であることをもう一度見直していこうという傾向が強まっています。

だいたい、まず自国民の利益を大事に考えるというのは当たり前のことで、どこの政府も、他国民の利益を優先して考えるはずがないんですよ。

でも、そうすべきだと建て前を声高にいう人がいるというのが、そもそもグローバリズムのフィクションであって、たとえば「どなたでも日本にいらしてください。そしておいしい食事をしてください。私たちは貧しい食事でもいいですから」と言っているようなもので、そんなふざけた話はないわけですよ。

髙山　生活保護にしろ学資援助にしろ、それこそ他国から来た就労者や留学生を優先したりして、この時代に日本は何を考えているんだろうと思うことがありますね。

馬渕　だから、グローバリズムにいま一応ブレーキがかかって、その次にどういう国際秩序を構築していくべきかということにつながっていくわけですが、それをつなげる方法としてトランプはメキシコの国境を象徴的に取り上げて、アメリカも従来の政権が必ずしもアメリカ国民の利益を考えてきたとは言えないので、自分が国民の雇用を促進すると言っているわけでしょう。

つまり、これは自分の国に責任を持てという姿勢ですから、各国もこれに倣えばいいんですよ。それを保護主義だと皆非難しているわけだけれど、ＮＡＦＴＡ（北米自由貿易協定）もＥＵもブロック経済だから保護主義なんですよ。

高山　EUなんかほんと保護主義ですね。

馬渕　そうです。非加盟国を差別しているわけですからね。我々はなんとなくいままで洗脳されてきて、国際化だとかグローバリズムはいいことだと思わされていたんですよ。

そこにトランプが登場してきて、ここでもう1度グローバリズムの功罪を立ち止まって考えてみようということになって、アメリカ国民の半数以上が彼を支持したということですから、やはり日本もいままでのようなイージーなグローバル化政策は改める必要があると思うんです。

アメリカの御用学者が多すぎる

高山　第1章でキューバ人の祖国愛の話が出ましたが、アメリカ人のなかにもキューバ人に似た祖国愛が顕れてきたことが、反グローバリズムのきっかけになっていると言えるでしょうね。

馬渕　我々は日頃、家族をはじめ、友人、知人など身近な人に対して愛情を持って接しています。でも、それと同じように国境を超えてほかの国々の人と接しなさいと言われても、そんなことが容易にできるはずはありません。

だからR2Pが他国に介入する口実として利用されているわけですよ。そしてR2Pの

「保護に値する人権」「保護する責任」という根拠の裏に何が隠れているかというと、堂々と他国に介入して気に入らない政府・組織を倒して、自分たちの気に入った政権・組織を打ち立てるという策略なんです。

高山　それに抵抗して、リビアを立派な国にしようとしたカダフィ大佐の功績はたいしたものです。

日本のマスコミではほとんど報道されていませんが、医療費・教育費は無料。新婚夫婦には新居に住むための補助金の支給。農業を始める人には土地・種・機材などを無料支給。石油から得られた利益の一部を全国民に配分。物価は安く、砂漠の灌漑《かんがい》・緑化にも努め、彼が統治していた頃のリビアはたいへん暮らしやすい国だったそうです。

サダム・フセインもユネスコに表彰されるような教育を実施して国民の識字率を上げ、イスラム圏のなかでは珍しく女性たちが店頭に出て商売をしているわけですから、女性たちがチャドルをかぶって、家のなかで静かにしている他のイスラム圏の国とは大違いです。

では、そういう豊かさがあって、近代化を果たそうとしているこの両国をなぜボロボロにしてしまったのかというと、カダフィやサダムの優れた政治手腕が内外に知れわたると、グローバリストと結託して既得権益をほしいままにしてきた支配層にとって、非常に都合の悪いことになるからです。

馬渕　まさにそこにR２Pを正当化する理由が隠れているんですが、それを何も疑いもせずに、アメリカの学者が言っているようなことを受け売りして、R２Pは重要だとか人道的介入がどこまで許されるかとか、そんな無責任なことを言っている日本の学者が多すぎますね。

トランプが登場してくると、別に名前を出さなくてもいい話だけれど、東大教授の藤原《ふじわら》帰一《きいち》氏なんて、トランプは大衆迎合主義の馬鹿だとずっと言い続けているんですよ。大学教授というのは上から目線で説教を垂れるような権威のある方なのかなと思ってしまいますが。

髙山　あれはおかしいし、非常になまっちょろいですよ。最近、夕刊か何かに彼が書いていた大きなコラムがあったんで、ちょっと斜め読みしたんですが、あなたはほんとに世界を知っているのかと思うぐらい何も知らなくて、アメリカの国際主義者というか御用学者が言うような、上っ面のきれいなところをすくい上げて語っているんだね。

馬渕　おっしゃるとおりで、たしか元東大教授で、学習院教授になった伊藤元重《いとうもとしげ》氏もその典型ですよ。

髙山　この人もひどいね。先日、産経新聞に「グローバル化が諸悪の根源か」というコラムを書いていたけれど、書いていることは藤原帰一氏と同じで上っ面だけでね。やっぱり自分たちの言質《げんち》には責任取らなきゃいけないと思いますよ。

馬渕　何で産経新聞がこういう人の記事を載せているんですかね。

髙山　だって岡本行夫氏ですら、産経の1面コラムを書かせていたことがあるし、雑誌の『正論』にも彼の記事が掲載されたことがありますよ。

馬渕　ちなみに17年1月20日の産経新聞の「正論」を見てみると、学習院大学学長の井上《いのうえ》寿一《としかず》氏の記事（「拡大する自民族中心主義　孤立回避へ日本の外交力が試される」）が出ていますが、言っていることは東京裁判史観で書いているから完全に左翼です。産経新聞も「正論」の書き手がだんだんいなくなって困っているのかもしれませんね。

髙山　長いあいだ曾野綾子《そのあやこ》さんクラスを使っておきながら、あとはどうしてこう不揃《ふぞろ》いになってしまったんでしょうね。

馬渕　せっかく曾野綾子さんがいいこと言っているのに、同じ「正論」でそれを否定するような論調が一方で出ているわけで、産経ですらそうだということは、他のマスメディアは推して知るべしなんですよ。

髙山　やっぱりどこかが牽引《けんいん》しないとだめなんですよ。いまの新聞というのは打ち破れないものがあるようですから。

テレビも自己規制

馬渕　まさに私がお聞きしたかったのは、その打ち破れないものは何かということです。それはGHQのプレスコードだとか抽象的には言えますよ。でもその根底には、要するに日本の新聞は産経も含めて、強者の論理で連合国が「平和に対する罪」「戦争犯罪」「人道に対する罪」の3つの罪を持ち出して、敗戦国の日本を裁いた東京裁判史観をどうしても打ち破れないということがあるんでしょう。

髙山　これはテレビ局も含めてという話でもありますね。

たとえば、あのアパグループ会長の元谷外志雄《もとやとしお》氏が、アパホテルに自分の本を置いていたことで騒がれていました。

馬渕　ああ、アパホテルの客室に『理論近現代史学Ⅱ　本当の日本の歴史』という本を置いていて問題になった件ですね。

髙山　その本には南京（虐殺）事件なんかなかったと、当たり前のことが書かれていただけなのに、それを中国が騒ぎ立て、日本のマスコミも騒いだわけなんですが、産経だけは彼を擁護していました。

でも、この騒ぎを報じるテレビを見ていると、評論家とかいうのが出てきて「こんなことを言う人がまだいるんですね。中国を怒らせてどうするんでしょうね」などと言っているくらいですから、テレビはその程度のレベルなんです。

コメンテーターにしても正面切って言えないことが多々あるだろうし、あの辛坊《しんぼう》治郎《じろう》氏だって、絶対に原発支持だとは言えないでしょう。

馬渕　日テレは原発支持だと言ってもいいんじゃないでしょうかね。だって読売新聞の社主だった故・正力松太郎さんはアメリカから原発を導入した張本人でしょう。

高山　ですが、辛坊治郎氏ですらそうは言えないんですよ。言えばテレビ局からお払い箱になる。そういう体質だから、生活のかかるコメンテーターも自己規制せざるをえないのでしょう。せめて新聞だけでもまともになってほしいと思うわけですが。

馬渕　テレビ業界については、既存の局に免許を取り上げると言えないとしても、新規参入を認めればいいんですよ。どのテレビ局を見ても再放送が多くて番組を埋められない感じで、とくにBSなんてひどいでしょう。商品の紹介なんて広告を見せられているわけですから、もうテレビじゃないですよ。

高山　ドラマは韓国ものが多くて、あの奇妙な字は見たくもない。

馬渕　10年前のドラマの再放送とか再々放送とか、そんなことをやっているということは、要するに番組を埋める力がないわけだから、他の業者に開放すればいいと思いますね。

でもテレビ局6社は皆反対しているんですよ。つまり、既得権益を持っているこの連中が、ＭＸＴＶは別として認めないわけでしょう。
これこそ何かというと、やれ規制緩和だ、自由化だ、と言っていながら、自分たちの既得権益にかかわると真逆のことを堂々とやっている欺瞞《ぎまん》なんですよ。しかし、これまでのアメリカと一緒で、こういう常識的な疑問を取り上げるところがないんです。だから、日本にもトランプのような人が現れて、「きれいごとばかり言うな。自由化と言っておきながら、それっておかしいじゃないか」と言ってくれることを期待しますね。
高山　ほんとにそうですよ。
ヒラリーであれトランプであれ、彼らの意向をできるだけ伝えてこようとしてきたのは、メディアのなかでも実は新聞のはずなんですから、新聞の責任を問われたらきちんと説明しなければいけないでしょう。
馬渕　しかし新聞によっては、トランプを選択したことは愚かな選択だと主張している学者や評論家の記事を掲載しているわけで、大阪大学名誉教授の山崎正和《やまざきまさかず》氏もその典型ですね。
高山　藤原帰一氏や伊藤元重氏もそうだけれど、私はコラムのなかで全部実名を出して、こいつおかしいよって書くことにしていますが、やはり、はっきりと紙面に名前を出さないことには、自分自身を曲げることになると思っています。

馬渕　そう。それが本当の批判精神ですね。

高山　私が、そうやって実名ばかり出すので、いずれ訴えられるんじゃないかって言われてきたけれども、政治評論家の屋山太郎《ややまたろう》さんも実名を入れて書くようになっていましたね。実名主義と言うのは渡部昇一先生が始めたことですが、やはり実名は書かなきゃいけないでしょう。自分の主張に責任を持つという意味でも……。

馬渕　主義主張が違うのはいいですよ。でも事実誤認があったり、客観的に見極める能力に欠けていたり、最初から意図的に情報をねじ曲げたりして、真実を歪めて伝えるのはきわめてまずいでしょう。

たとえば山崎正和氏が、イギリスのＥＵ離脱もトランプの当選も露骨に自国一国の利益を優先し、孤立を目指そうとする勢力の勝利だったと、産経新聞の「正論」欄（17年1月16日「市場の巨大化が蝕む国家の紐帯　不可欠なのは国際協調と連携だ」）に書いていましたが、あれはかつての優れた評論家として鳴らした知識人の論評とは思えない軽薄な内容でした。

自国の利益を優先しないでどうするのかと思いますし、孤立を目指そうとする勢力といっても孤立を目指しているわけじゃなくて、自国の本来のアイデンティティーを取り戻そうとしているだけであって、それは孤立することじゃないわけですよ。

いま必要なのは日英関係の強化

髙山　話は変わりますが、森喜朗《もりよしろう》政権時代の2000年7月に沖縄サミットが開催された際、参加8カ国中、イギリスからはトニー・ブレア首相と、クレア・ショートという女性の国際開発大臣が参加していましたね。

このサミット中、HIVやAIDS、重債務貧困国問題、後発開発途上国向けODAなどについて協議が進むなか、いわゆるODAのアンタイド化（ひも付きでないこと）がテーマになったんですが、クレア・ショートは「日本は貪欲《どんよく》なドラゴンだ」とか、「ひも付きODAでアフリカ諸国をフン縛っている」とか、言い出した。それで日本は腰が引けてアフリカ諸国に対する有償のODAを全部放棄してしまいました。

あのときにイギリスとフランスは何をやっていたかというと、かつて自分たちが統治していた旧植民地から流入してくる人たちが、貧困とHIVを持ち込んでくるという理由で、彼らをシャットアウトする法律をつくっていたんです。

フランスはマリ、セネガル、アルジェリアなどからのフリーの入国を禁止してしまい、イギリスもナミビアなど、サハラ以南の国々からの入国をいっさい禁止した。しかし何か見返りがないといけないというので日本に債権を放棄させて、その金でAIDSの治療センターをつくった。日本の褌《ふんどし》で相撲を取ったんです。

そういう回りくどい嫌がらせを日本にしている。ＥＵは戦前みな、もとは植民地を持って豊かにやっていたのを、日本のせいでそれを失い、貧乏の底にあった。ＥＵというのはいわば「貧者の互助会」だったわけでしょう。すごく順調にいき、もっと労働者が欲しくなり、市場を拡大したくなり、ＥＵを東欧、南欧まで拡大した。それなのに、英も仏も旧植民地の人々ですら「受け入れるつもりはありません」と言って締め出していた。

だから今回の難民流入という事態は、沖縄サミットのときに日本を脅して、アフリカ人はアフリカに止まって自力で暮らせるシステムをつくろうとしていた彼らにしてみれば、本当に予想外のことだったと思います。あのシェンゲン条約は決してシリアやリビアの難民を想定していたものじゃなかった。私はある意味、因果応報という気がしますね。

じゃあなんでＮＡＴＯを使ってリビアをぶっ潰したのか、あるいはもう少し親身になっていればよかったのに、なんでアルジェリアのイスラム化をフランスは傍観していただけなのかと思ってしまいます。

馬渕　ちなみにフランスの旧植民地だったアルジェリアは、フランス語が公用語でした。それでアラビア語の導入を図ったときに一緒に入ってきたのが、イスラム過激派だったわけです。

髙山　沖縄サミットが開催されたあたりからフランスもイギリスも難民の流入をプロテク

トした。そのくせ1985年に欧州経済共同体に加盟していた国家間で取り決めたシェンゲン協定（国家間において国境検査なしで国境を越えることを許可する協定）は残した。矛盾するように見えますが、あれは東欧の白人難民を意識していた。まさか中東やアフリカから有色人種がやってくるとは思っていなかった。まったく予想外の事態になったのでイギリスはEUを出たわけです。

イギリスの第2のサッチャーと目されているテリーザ・メイ首相は、EUから出ましたと毅然《きぜん》として言っていたでしょう。日本は、やはりそう言い切れるイギリスに接近すべきじゃないでしょうか。

馬渕　私もまったく同感ですね。だから日本の政府としては、少なくともイギリスに進出している日本企業に対して、そのまま止まってほしいと伝えるべきでしょうね。

一応、政府はイギリスに止まる日本企業が不利益を被らないように努力すると言っていますが、海洋国家同士であるイギリスと日本が仲良くして、そこにトランプのアメリカと豪州も入れるようにしていけば、おそらく日英関係というのは強化されてきますよ。

難民問題というか移民の関係でもう1つ重要なことは、異文化が、ある国のある地域に持ち込まれることによって、もともとそこにあった文化が失われてしまうということです。

先日たまたま民放テレビでイギリスの片田舎の旅番組をやっていて、昔の町並みが残っている風景が映し出されていましたが、いままでのようにアフリカや中近東だけでなく、東欧あたりからも移民がどんどん流入することになれば、ああした風情ある町並みが失われていく危険があるわけですよね。

従って、イギリスがEUから離脱して、そういった流れも止めたというのは賢明だと思いますし、それでこそ各国が違った文化で、違った発展をすることによって世界にメリットがもたらされるわけで、イギリスだけでなくヨーロッパのどこへ行っても同じ佇《たたず》まいだというのでは何も面白くありません。

髙山　日本もひと頃はコカコーラの看板があって、アメリカと同じような佇まいがあちこちに見受けられたけれども、いまでは青息吐息です。マクドナルドだって潰れかねません。つまり日本は一番、異文化が土着しにくくて、日本ナイズされない限りなかなか生き残れない面があります。

馬渕　そこが重要ですよ。日本ナイズできるものは土着できるというか、存続できるけれども、それができない場合は、古くはキリシタンがそうだったように皆お引き取り願う、つまり、彼らのほうから日本はだめだと言って出ていくことになったわけですよ。

それを口の悪い連中は「日本は閉鎖的だ」というわけで、たとえばアメリカの年次改革要望書というのはそういうことなんです。俺たちが日本でもっとビジネスできないのはおかしいとか、成功しないのは日本人が差別的だからだとか難癖をつけるわけです。ほんとに彼らはそういう自国中心主義者ですよね。

第4章

中国とは「疎遠」で、韓国とは「無縁」で

反グローバリズムを牽制した習近平の嘘

髙山　中国の習近平が、２０１７年1月に開かれたダボス会議に初参加して基調講演を行いました。驚いたのは、「世界を取り巻く多くの問題は、決して経済のグローバル化がもたらしたものではない」と言って、反グローバリズムの動きを牽制《けんせい》していたことです。

馬渕　びっくりしましたね。「中国は保護主義と先頭に立って戦う」なんて、そういう趣旨の発言をしていたわけですからね。

髙山　グローバリズムがいいと。

馬渕　これに対して、日本の新聞は何もコメントしなかったわけで、その精神が本当に信じられないですね。

髙山　どの新聞も「トランプ次期米大統領の就任を控えて欧米で保護主義的な傾向が強まるなか、グローバル化重視の姿勢を打ち出し、存在感をアピールする狙《ねら》いとみられる」と書いてはいましたが……。

馬渕　嘘《うそ》をいかにも本当のように書いていますよ。

髙山　私が一番笑ったのは、貿易を有利にするのために元を切り下げるようなはしたない真似はしないと偉そうに言ったことです。本当は中国政府が、元の下落に困って一生懸命買い支えをしているくせに、嘘も言いようというか、習近平も自分で言っていて恥ずかしくないのかなあ。

馬渕　あれは、嘘は大きいほどいいというのを地でいっています。あれだけの嘘を言うと本当に聞こえちゃうから、やはり中国人っていうのはすごいですよ。何も恥じることがないし、恥っていう言葉がないかのようです。

髙山　嘘を承知で、ぬけぬけと言えるところがすごい。それを指摘する新聞がないっていうのは悲しいことですよ。何のコメントもなしで、習近平がダボスで言ったことをそのまま紹介するというのではね。あれ、まさか以前に中国の悪口は書かないという日中記者交換覚書を守っているということなんでしょうか。

馬渕　守っているのだと思います。おそらく産経の記者にしても、やはり正面からそれには抵抗できないし、抵抗すれば追放されかねないでしょう。

髙山　その点、産経はまあ、私にとっては赤の他人じゃないから補足しますと、よその社はだいたい3年くらいで特派員は交代します。中国はとくに、3年が限度ですね。だって、あんな汚い空気と監視とハニートラップだらけ。それこそ自由もまったくないからです。そして数年経って肺がきれいになったらまた北京に出るっていうのが1つの特派員の形になっています。

ただ産経に限っては、これは直近の話ですが、新しい中国総局長が決まっていたのにとうとうビザを出さなかった。総局長の席はずっと空席です。総局長代理だった矢板特派員がようやく最近戻ってきましたが、彼は8年ずっと北京に据え置きのままでした。これはもう懲役8年みたいなものです。つまり痛いことを書く産経だから、中国はこういう嫌がらせ対応をしたんです。

馬渕　そういうときには、日本政府としては報復だと言わずに黙って知らん顔して、中国の新華社などに対してビザを出さなきゃいいんです。

髙山　本当、それが主権国家というものです。それからもう1人上海《シャンハイ》にいる記者はもっと長いはずですから、もう人道無視も甚だしいですよ。習近平は、中国は歴史に恥じない、自由のために戦ったとか言っているけれど、何をぬかすかと言ってやりたい。

馬渕　だから特派員として来日する予定の中国人記者にビザを出さなきゃいいのです。ビザを出さない理由は説明する必要はないというのが国際法ですから。

中国は、そういう面では頭が働きますからね、それは産経にビザを出さなかった報復措置かと言ってきますよ。これをまともに受けると中国にもメンツがあるから、黙ってやればいい。それで、どうして出さないのかと言われたら、さぁどうしてでしょうねぇと、とぼけておけばいいんです。

海洋覇権を狙う中国に対抗するには

高山　中国の国防費が増え続けています。中国当局が発表する数値は常に疑わしさが伴うものの、先頃発表した一応の数値は、前年比約7％増の約1兆2000億元（約16兆8000億円）で、日本の2017年度防衛関係予算案（約5兆1000億円）の3倍以上、アメリカに次ぐ世界第2位の規模となっています。

なぜ、中国が国防費を増やし続けているのかというと、周知のとおり南シナ海での軍事拠点化の推進に代表される海洋覇権のためであり、ひとえにアメリカの軍事力を牽制するためです。

その一環が、いま東シナ海でしきりに試験航行している、あの「遼寧《りょうねい》」と名づけられた空母なのですが、中古品のうえ、元の名は「ヴァリャーグ」。日露戦争のときに最初に日本艦に沈められた巡洋艦の名です。支那には極めて縁起が悪い。そんなのを買ったものの支那には、まともなエンジンをつくる能力がない。普通の貨物船と同じディーゼルエンジンを載せている。

艦載機は、母艦が風上に向かって30ノット（時速約55・6㎞）以上の速度で航行しないと離発着できないんですね。その速度が出ない。まあ見かけだけの空母です。

それに艦載機の「殲《せん》15」はロシアの古い艦上戦闘機をコピー改造した試作機ですから、

重すぎて使い物にならない。何度か公開されている離発着の動画を見ても甲板から落下しないのが不思議なくらいで、2016年4月の墜落事故を含め、もう3機落っこっている。

中国は次の空母も建造中で、やたらに海洋覇権のための海軍力の増強を誇示していますから、こうした中国に対してトランプは結構強い姿勢で臨んでいくでしょうね。

馬渕 そうすると思いますよ。元海兵隊大将のマティス国防長官、元陸軍中将のケロッグ安保会議首席補佐官、元陸軍中将のマクマスター安保担当補佐官など、フリン安保担当補佐官が就任早々辞任するというアクシデントがあったものの、トランプ政権の安全保障にかかわる人事を見れば、それは明らかです。

髙山 軍人が多い。

馬渕 この人事が物語っていることは、とにかく中国の海洋覇権は許さないというトランプ政権の姿勢で、これは海洋国家のアメリカとしては当然の話です。それに、皮肉を言えば、中国にどんどん海軍を増強させるなり、南シナ海での軍事拠点化を推進させて、自滅させればいいんです。

原子力空母なんて中国が建造できるはずがないし、あの遼寧という空母は、艦載機だってまともに離着陸できないしろものですから、ただうろうろ動き回っているだけで使い物にならないでしょう。

決定的なのは艦載機を発艦させるためのカタパルト装置がないことと、着艦用のアレスティング・ワイヤーがつくれないこと、そしてエンジンが旧式の蒸気タービン（一説にはもっと旧式の船舶用ディーゼルとも言われている）なのでスピードが出ないことです。それでも現在2隻の空母を建造中で、2020年以降には2隻の原子力空母の建造を予定しているそうです。

考えてみれば日本は昭和10年代前半くらいに航空母艦を建造していて、その機動部隊がアメリカの真珠湾を攻撃しているんですね。それに比べれば中国の空母建造は80年もおくれています。

髙山　昭和どころか世界で最初に空母をつくったのは日本ですよ。1920年に輸送船を改造して水上機4機を搭載できる「若宮《わかみや》」という水上機母艦を建造しています。それに第2次大戦中には、攻撃機3機を搭載できる全長約120mにもおよぶ超大型潜水艦「伊400型」を建造していますから、日本の造船技術の高さが偲《しの》ばれます。

馬渕　それから「大和《やまと》」と「武蔵《むさし》」という世界最大の戦艦をつくり、零戦、はやぶさという優秀な戦闘機をつくっていますから、これらをつくり出すことができる日本にアメリカが脅威を覚えたのは確かでしょうね。

髙山　日本はアメリカを脅かす存在だったから、あれだけ本気で日本を潰しにかかってきたのでしょう。

馬渕　だから、習近平が言うように歴史に学べということであれば、中国こそ歴史の教訓に学ぶべきで、いま中国がやっていることはアメリカと正面衝突する道なんですよ。

高山　おまけに、今度はトランプだからアメリカも強気でくる。

馬渕　中国がどんどん海軍を増強すれば、アメリカだって対抗措置を取るに決まっていますよ。

高山　アメリカは、かなり増強するって言っていますね。

馬渕　現在、200以下の艦艇を300以上まで上げるっていうわけでしょう。

高山　そうすると、やはり日本の自立への道が自ずと出てくることになりますか。

馬渕　出てくるでしょうね。それは憲法問題と密接に絡むわけですが、憲法9条の改正が簡単にできないとすれば、どんどん実質面から技術を進めていったほうがいいと思いますね。要は、自衛隊の装備を強化していくことですよ。いま保有している「そうりゅう型」潜水艦は通常型ですが世界最高水準ですし、飛行艇の「US-2」も世界最高と言われていて、インドが導入する見込みです。

あるいは三菱重工が中心になって開発中のステルス戦闘機「X-2（心神《しんしん》）」は航空自衛隊のF2戦闘機の後継機と目されていますが、試験飛行を繰り返しているうちに、ボーイングやフランスの航空機メーカーから共同開発の声がかかっています。
一時、そうりゅう型潜水艦の建造をオーストラリアで行う話が持ち上がっていましたが、日本の最先端技術が中国に流出する可能性があるので、豪の政権交代の影響などでこの話はなくなってよかったですよ。まぁ、それはともかくとして、いま述べたような日本の技術力の高さについては、アメリカも中国もわかっているはずですよ。

高山　問題は、日本人の多くがそれに気づいていないということですね。

馬渕　それは何度も同じことを繰り返しますが、メディアが情報を隠したりして、日本の良さを報道しないことが一番大きく影響しているのです。

中国は6・7%の経済成長を遂げているはずがない

馬渕　ダボス会議での習近平の基調演説で、もう1つ笑ったのは経済成長率が6・7%になりそうだと言ったことです。ということは希望的観測だから、断定できないということです。

高山　中国は貿易量が激減していますから、先行きは不安どころじゃないでしょう。中国は過去、ダボス会議に積極的に参加していません。あの会議ではアメリカの通商代表が偉そうにいろいろ言って仕切るのが慣例ですから、初参加の習近平は希望的な数値を述べざるをえなかったのでしょう。

馬渕　偉そうに日本を批判するのも慣例でした。ところで、グローバリズムは端的に輸出入量に表れますが、中国の貿易依存度（輸出入の合計を名目ＧＤＰで割る）が06年に72％だったものが、直近では約半分の37％になっています。つまり、トランプの保護貿易政策をまつまでもなく、中国はグローバリズムの恩恵をすでに失いつつあるわけです。だから経済成長などするはずがない。

おそらく6・7％というのは政治的な数字でしょうから、どうしてもその数値を確保しなきゃならないというか、言わなきゃならないだけの話で、輸出入ともに減っていて

ＧＤＰが6・7％も成長するはずがありません。

高山　こんな健全な日本ですら2％行くかどうかというのにね。さすがに計画経済の国だけのことはあるというのが正直な感想です（笑）。

馬渕　日本の輸出依存度はたったの15％ですからね。輸出が減ったとしても経済成長率が激減するということはないでしょう。

高山　中国から大量に観光客が来てくれたおかげで、日本の貿易収支が良くなったということがあります。でも、だからといって中国が言う経済成長率とかの話を、まともに受ける日本の報道姿勢はおかしいと思いますね。もちろん、それ以前に中国が偉大であってく

れなければ中国報道も生きてこないということなんですが……。なぜかいま中国のことを書くと本が売れるということもあります。

馬渕　まだ売れますか。

髙山　何の意味があるのかよくわからないけれど中国ものは多いですよ。中国を正視すれば限界にきているだろうと普通は素直に思うでしょう。しかし、そうした見方ができていないということは、報道のミスリードのせいであって、やはり報道の責任だと思います。つまり、中国を良い国のように書く前に、中国の見方ができていない。

馬渕　見方というのは……。

髙山　つまらない話ですが、たとえば朝日新聞がクーデターに失敗した林彪《りんぴょう》をテーマに「林彪事件をたどって」という記事を最近2回も連載しています。

林彪が搭乗した飛行機の墜落事件（1971年9月）について、当時、朝日新聞の北京支局長だった秋岡家栄《あきおかいえしげ》は「落ちていません。死んでいません」とずっと報道し続けていたのに、1年半後にやっと「落ちていました。死んでいました」と報じた。

しかし、そういう恥ずかしい報道を、過去にしていたにもかかわらず、朝日としては「すみません。あんな記事を1年も続けていましまして」と書き出すべきところを、現在もさも意味ありげに空中爆発したとか、火を吹いていたとか書いているんですね。爆発と墜落とでは、まったく読者が受ける印象は違いますし、もう半世紀前のことで確実に空中爆発はなかったと専門家が言っているのにです。しかもあの時代から半世紀も経って、新しい事実も出てきているのに、昔と同じ口調で書いている。たぶん、世界は中国の権力闘争をいまものすごく関心を寄せている。我々朝日新聞はそういう思いに応じているんだ、みたいなつもりでしょう。中国のことなどもう誰も何の関心も持たないのに、それがわかっていない。

そうした報道姿勢は、むやみに中国を過大評価することにもつながり、アメリカが民主主義の聖地だというのと同じくらいに、中国は大国だという偽のバリューを新聞がつくり出しているんですね。

馬渕　そんな記事を書いていて、具体的なメリットが朝日にあるんですかね。

髙山　中国報道というのは、やはり隣の国のことですから皆さん関心を持っていると錯覚している。それに、あれだけ多くの支局を潰れそうな国に置いて頑張っている理由は、そういう錯覚が世間の一部に入り込んでいるのでしょう。

稼いでも元を日本円に替えて持ち出せない中国

髙山　16年の7月でしたか、日本の経済界のトップら約300人が中国を訪問したでしょう。支那贔屓《びいき》の新聞は大きく報じました。表向きは、両国のいわゆる「政冷経温」の関係をどう改善していくかということだったようですが、実は「日本企業はどうやって中国から引き上げるか」だった。こっちは北京を刺激するからか、朝日も日経も書かなかった。

先ほど、話に上がった矢板という特派員記者の帰国祝いのパーティーがあって、私は病気で出席できなかったので、あとでパーティーに参加した者から聞いた話ですが、矢板氏は日本円ではなくて人民元で給料をもらっていたそうです。

馬渕　日本から行った駐在員全員が？

髙山　そうです。彼は生活費の余りやボーナスの一部をあちらの銀行に預金していて、それが日本円にして５００万円くらいになっていたので、帰国するときに日本円に替えようとしたそうですが、できなかった。自分のお金なのに持ち出せなかったそうです。

これは別に特派員だけに限ったことでなくて他の企業も全部そう。だから中国で商売をして人民元での収入は得ても、日本の親会社は何も潤うことはないんですよ。

そんな馬鹿なシステムなんてありえないし、ましてそんなまともでない国がＳＤＲ（ＩＭＦの特別引出権。ＩＭＦ加盟国の出資割当額に応じて配分され、国際収支の悪化や国際流動性〈対外支払い準備〉の不足の際に、外貨を豊富に保有する他の加盟国から外貨を引き出す権利）を持つなんて、もっとありえない話ですよ。

馬渕　ありえないけど、中国人民元は16年にＳＤＲの構成通貨として認められています。

髙山　加盟していること自体がおかしいし、個人の給料すら持ち出せないようにしている国が、偉そうにダボスで話をするなよと（笑）。だから私は、あの国には決して明日はないと思う。

馬渕　日本の外務省でもどこでもいいんですが、じゃぁアメリカの企業は、人民元をドルに替えられなくなったらどう対応しているのか、きちんと調べてみたほうがいいですね。おそらくアメリカの場合は替えられるはずです。アメリカは中国の最大の貿易相手国だし、何といっても日本には、そういった場合に無言の圧力になる軍事力がありませんからね。

髙山　中国は、そういうデタラメなことをやっていれば、どんどん明日をも知れぬ状態に陥りますね。

馬渕　日本企業が中国で直面している問題を、それこそシリーズもので産経あたりは率先して取り上げて、圧力をかけていく必要があるでしょうね。

人民元が国際基軸通貨になることはありえない

馬渕　一方、日経のように人民元がいずれ国際基軸通貨の１つになるなどと判断している人たちは、いったい何を根拠にしているのか理解ができません。現実を見たら、誰も人民元なんて欲しくないことはわかるはずですがね。

そもそも国際基軸通貨というのは、「信用」を担保に成立しているわけです。何を信用の物差しにしているかというと、安定した経済力、いざというときの軍事力、これを二本柱にした総合的な国力そのものです。

そして、世界で一番その力を備えている国は言うまでもなくアメリカであり、だからこそＵＳドルが国際貿易の決済に使われるキーカレンシー（国際基軸通貨）たりうるわけです。そしてその運用ができるのは、ニューヨーク・ウォール街の金融センターしかありえないのです。

だから、ＧＤＰ世界第２位などと言っても、何も担保することができない中国の元が国際基軸通貨になれるはずがありません。「いや元は信用できる」などと誤解している向きは、ドルが持っている意味と価値、通貨自体の意味を徹底的に勉強する必要があるでしょう。

髙山　しかも中国の場合、ドルや円で持ち込んでも、いったん元に替えると戻せない。つまり自分の給料すら自由にならないなんて、誰も知らないのではないでしょうか。

馬渕　ＳＤＲに入るということは国際決済の責任を負うということです。そんな力が中国のどこにあると言うのでしょうか。

ちなみに、16年12月末での国際決済に使用された通貨の比較をみてみますと、第１位は米ドル（42・09％）、第2位がユーロ（31・30％）、第3位がポンド（7・20％）で、第4位は円（3・40％）です。続いて第5位がカナダ・ドル（1・93％）、そして人民元は第6位の1・68で、何と日本円の半分以下に過ぎないのです。

髙山　やはり、トランプが突破口を開いていくのでしょう。

馬渕　日本の場合は軍事力が足りないから、なかなか中国は聞く耳を持とうとしないけれど、アメリカには何と言っても世界1の経済力と軍事力がありますから。

髙山　そういえば中国はWTOに加盟していますね。

馬渕　中国は2001年のWTO加盟時に、15年間は「非市場経済国」の地位を受け入れることに合意していて、WTO協定では2016年12月にその規定が失効することになっていたので、15年経過したから自動的に「市場経済国」に移行するものと勝手に理解していたのです。

しかし16年11月の時点で、アメリカも日本も中国をWTO（世界貿易機関）上の市場経済国に認定しない方針を示していますから、WTO加盟から15年間待ち望んでいたとはいえ、中国は市場経済国になれるはずがありません。

髙山　ではそれもトランプ政権にとっては経済政策上や外交上、いいきっかけになりますね。

馬渕　アメリカが許すはずがありません。現にゴールドマン・サックスは引き上げることができたし、アメリカの投資家も全部持ち出すことができたはずです。

当然、中国は、平気で嘘をいうに決まっているので、なぜアメリカと日本と差が生じるのかを調べるべきであって、それこそメディアの役割です。もちろん日本政府も策を講じなければいけないのは言うまでもありません。

中国に在駐している13万の日本人は即刻帰国させるべき

高山　2015年1月に、パナソニックが中国山東省にある液晶テレビ工場での生産を終了する際、現地雇用者に何年分かの給料を払って、結局なんの利潤もなしで戻ってきました。それこそケツの毛まで抜かれるような話です。

馬渕　パナソニックは最初に中国に進出した企業です。いわば中国にとって恩人と言っていい。中国はその恩人を足蹴《あしげ》にしたわけです。

高山　山東省はいわゆる「済南事件《さいなんじけん》」（日本人女性が手足を切り落とされたり、乳房を切り落とされたりした国民革命軍の一部による虐殺事件）があったところですが、この虐殺された日本女性の検死写真がいまの中国の教科書に「石井731部隊の残虐行為」として載っているのです。一方、日本の教科書は済南事件を教えない。中国は嘘つき放題です。

馬渕　そういう中国人の民族性というか性分は変わっていないわけですよ。だからこれから何が起こるかわからないので、私は中国に進出している日本企業はただちに撤退したほうがいいと思います。つまり家族を含め駐在員の命を守ることを最優先にすべきです。

髙山　外務省によると、中国には日本人がいま13万人以上、日本企業が3万4000拠点近くあります（2015年10月現在）。いざとなれば人質にされるか殺される人たちです。

馬渕　いったん関係が悪くなれば、その人たちはあの通州虐殺事件《つうしゅう》（1937年7月29日に現在の通州区において、中国人部隊が日本軍の通州守備隊・通州特務機関および日本人居留民などを襲撃した事件で猟奇的な殺害、処刑が行われた）の二の舞いになることさえ考えうるんですよ。しかし、そんな危機意識は誰も持っていない。

髙山　通州事件について加藤康男《かとうやすお》さんが『慟哭《どうこく》の通州―昭和十二年夏の虐殺事件』（飛鳥新社）という本を著していますし、藤岡信勝《ふじおかのぶかつ》さんも自由社から『通州事件―目撃者の証言』を出していますが、中国人がどれほど残忍なのかがよくわかります。あれこそまさに必読の書で、本当は新聞が書かなきゃいけないことだと思います。

馬渕　こういう事件は教科書に載せるべきでしょう。

髙山　済南も含めてすべての歴史教科書に載せなければいけません。

馬渕　自由社の教科書だけです、載せているのは。この最悪の事件を一般的に知らしめるためには文科省が変わる必要があります。文科省の教科書調査官はいったいどういう思想の持ち主なのか……。そういう人たちが南京大虐殺を容認していながら通州虐殺事件を載せないなんて、およそ信じられないことです。

髙山　いまは学び舎とか、中国人の意図そのままを字にしたような教科書をつくっています。

馬渕　そういう教科書を買うのは、日教組上がりや左翼の連中で、教科書を選ぶ人間も彼らに影響されているからです。

髙山　中国の反日活動は国連を舞台にやっています。彼らは折りあるごとに戦勝記念のお祭りをやる。2016年も9月3日にやったけれど、あれは連合国軍、つまり白人国家からはそっぽを向かれた。

　中国のことはあまり相手にされない。その証拠にG7に入れないし、2014年6月に21人の国家元首が参加して盛大に行われたノルマンディー上陸作戦70周年記念式典に、中国は呼ばれていません。

馬渕　中国はノルマンディー作戦にまったく関係なかったからでしょうね。

髙山　当たり前なのですが、中国は少なくとも連合国のメンバーとして声がかかると思っていたのに、全然相手にされなかったので中国は焦ったわけです。

そこで中国は、オックスフォード大学准教授のラナミッター（インド人）、ケンブリッジ大学助教授のバラク・クシュナー（アメリカ人）に「蔣介石は、少なくとも第二次上海事変あたりからずっと日本軍の足を引っ張って、日本軍を疲弊させたから連合軍は勝てた」「中国はそのために南京で数十万人も殺された。だから世界はもっと中国に報いろ。尖閣も沖縄もやれ」と主張させている。

ところがノルマンディーの記念式典にも呼ばれない。いま中国は正当な評価を得ていない。中国は国際社会に貢献していて良い国だ。彼らは侵略国家日本をやっつけた連合国軍の主要メンバーなんだとアピールし続けています。これは2017年1月のダボス会談で習近平が初の基調講演した背景づくりにもなっている。

反日が中国の存在理由

馬渕　中国がなぜここまで反日をやらなければならないかというと、結局、中国がアジアを裏切ったからなのです。

中国には、そのやましさがある。それがバレたら、つまり正しい歴史観を関係する国々が持つようになったら、中国はアジアやアフリカ諸国からボイコットされることになります。

高山　白人国家の植民地にされ、奴隷として使われていたアジアの民を解放したどころか、中国は逆に支配する宗主国側の手先になってむしろ白人植民地体制の維持に努めてきた。

馬渕　だから中国こそ、旧植民地帝国の手先になって日本を叩いたことが――絶対にバレたら困る過去を引きずっているのです。

高山　まして、日本がアジアの植民地を解放したとは絶対に認めようとしない。

馬渕　しかし東南アジアの人たちは、解放してくれたのは中国ではなく、日本だということを知っているんですよ。

アジア・アフリカ会議初のバンドン会議に中国も参加していましたが、自分たちを解放してくれたのは日本だと言って、中国以外の国々は日本に対して感謝感激だった。中国はアフリカの解放などと、参加国にアピールしていたようです。しかし、それは見え透いた嘘だということがわかるわけです。

従って、中国が反日をやめられないのは宿命なんですね。

中国は蔣介石のときからアジアを弾圧する側に回っていたわけですから。

高山　反日というのは中国の存在理由のようなものですし、そんなところに日本企業が進出すること自体おかしい。おまけに利潤も持ち帰れない。そういう事情を新聞各紙が揃《そろ》って1カ月でも書けば、日本人も目が醒《さ》めるだろうし、中国に対する見方も改まるでしょう。

馬渕　そうだと思います。言うだけでも大きいですよ。先ほど話に出たように中国はWTO加盟後、15年待っていたのに市場経済国として認められていないでしょう。それに中国が鳴り物入りで立ち上げたAIIB（アジアインフラ投資銀行）は、インフラ案件の融資に必要な資金を世界の金融市場で起債できる信用力がないので、自前のインフラ融資活動がいまだにできない状況です。

だから、こういったことをメディアはフォローしなければいけないのに、核心を突く報道など皆無に等しいところが問題です。

髙山　最近の世論調査では「中国は嫌い」という人が80％以上になるそうですが、あの国はそれこそアメリカ以上に、日本に嫌われたら生きていく術を失うでしょうね。

鉄鋼を増産しても売れる相手はいない。住居用の中高層ビルを建てても、不動産バブルが崩壊して購入する人はいない。一般消費財の安い衣類や雑貨品を大量につくっても薄利多売に限界がある。そんな〝ないない尽くし〟の状況で、頼りになるのは日本の技術しかないのに、彼らの反日姿勢は変わりません。

一方、日本側には、反日を掲げながら多くの面で敵対する中国にどう対応していくかという考え方がまだ備わっていません。日中間にはこうした現実もありますね。

馬渕　そうした問題の背景というか要因としては、東京裁判史観の影響もあるかもしれませんが、中国の指導者に国家観がないことがあげられます。

つまり、彼らには国民国家という概念がないし、彼らにとって膨大な民は搾取の対象以外の何ものでもない。

一方、民のほうも政府に何も期待していないし、自分たちの生活に干渉しないでくれと思っているだけです。だから政権は共産党でも、誰が指導者でもよくて、蔣介石でも毛沢《もうたく》東《とう》でも良かったし、極論すれば満州人でも、その前の鮮卑でもよかったわけです。

そして、「上に政策あれば下に対策あり」で生活をしていくし、嫌になったらすぐ逃げればいいというのが、中国人の発想です。

それは民衆だけでなくて指導者もそうですから、彼らには自分たちが国家を経営しているという感覚もないわけで、どれだけ民から搾取するかということしか頭にない。

現に日中戦争のときに蔣介石は平気で民衆の財産を奪い、それは毛沢東も同じでした。いくら最高権力者になったとはいえ、自国民を1億も殺せるなんていうのは正常ではないし、それこそ中国人だからできたとしか考えられません。

中国との付き合い方は「疎遠」でいい

高山　終戦間際の昭和19年から20年ごろ、日本のあちこちが空襲でやられているときに、上海で銀を商っていた親戚《しんせき》が、日本にいると空襲があって危ないからといって上海に戻って行きました。空襲もないし上海のほうがはるかに安全だったからで、向こうでは李紅蘭《りこうらん》が歌って劇場を客で満員にしている頃でした。

ところが、この親戚の話だと8月15日を期して日本が負けたために、平和に暮らしていた中国人が一様にびっくりしているなか、みんな別れを惜しんで引き揚げ船で帰った後に蔣介石軍がなだれ込んできて、これを境に世の中がおかしくなっていったそうです。漢奸《かんかん》狩りとかで、李紅蘭が日本軍に協力した疑いで捕まり、このなかには江沢民《こうたくみん》の父親の江世俊《こうせいしゅん》もいたようですが、息子はなぜかお目こぼしになりましたが、その間にどんどん生活が悪くなっていったと言います。

だから中国人には日本軍がいた頃のほうが良かったという実感があって、これは朝鮮でもそうだった。

そういえば数年前に湖南《こなん》省岳陽《がくよう》あたりを旅したときに、日本人だと言ったら大歓迎されたんですが、彼らには、日本軍がきてくれて蔣介石軍を追っ払ってくれたので、本当に助かったという思いがある。

だからいまの中国に対して日本人は、そうした歴史があったことを遅まきながらも、知らしめていくべきだと思います。

馬渕　同感です。いや、これからでも遅くありません。

いま伺った話と同じようなことですが、当時、中国の農村の連中は日本軍がくるとほっとし、反対に国民党軍がくるとみんな逃げたそうです。その一番大きな理由は、日本軍は掠奪《りゃくだつ》しなかったけれど、国民党軍は掠奪するのが目的だったからなんですね。

他の国の場合も多かれ少なかれ、戦場で最初にやることは掠奪です。だから中国の民衆は共産党軍からも逃げたということです。

従って、中国というのは国ではなく、政府も軍隊も民を搾取し民の財産を掠奪するために存在してきたわけで、いまでも基本的にそれは変わらないでしょう。

彼らは何億ものカネを自分のものにして、いつでも都合が悪くなれば逃げ出せるようにアメリカやオーストラリア、あるいは日本も入るかもしれませんが、海外の不動産を買っているわけです。

高山　彼らにはそうしたことを改める気持ちはいっさいなさそうですから、日本人もそろそろ中国との付き合い方を勉強したほうがいい。

馬渕　黄文雄《こうぶんゆう》さんもそのようなことをおっしゃっていますが、中国人との付き合い方は「敬遠」に尽きる、つまり敬うけれども近づかない。

高山　敬うこともないでしょう。「疎遠」でいいですよ。中国が国を開く前、つまり毛沢東時代は日本に中国人はいなかった。その後、鄧小平《とうしょうへい》の改革開放で彼らが日本にきた。それはまずピッキングという犯罪で彼らの登場を知った。続いて農協あたりの建物からATMがクレーン車で引きずり出されるとか、自販機が燃やされるとか、いいことは何1つなかったのですね。

日本が変わらなければ中韓の反日は永久に変わらない

高山　韓国人は小さいサイズで中国の悪さを全部凝縮して持っていて、展望を持たない感じがします。中国人はまだ展望を持っていて、自分で資産をつくって海外に逃げるための計算ができますが、韓国人にはそれがないんじゃないでしょうか。

現在、北朝鮮の暴発が危険水域に達するなかで、朴槿恵の弾劾が決まり、国民が大騒ぎしている様子を見ると、あきれるというかぞっとします。へたすると金正恩《キムジョンウン》の北朝鮮に飲みこまれますよ。

ただ、ある意味日本の鏡だとも言えます。日本では、国民もメディアも含めて「安保法制は大問題だ」とか、「沖縄辺野古基地問題だ」とか、まるで韓国人じゃないかと思えるような騒ぎ方をしています。

馬渕　韓国と中国はもちろん違いますが、私は韓国の国の成り立ちが中国と同じように正統性がないと思っています。

韓国は、かつて日本の一部だったわけで、日本が負けた途端にアメリカに占領された。つまり、韓国は日本から棚ぼた式に分離させられ、そこにアメリカに亡命していた李承晩《イスンマン》が帰ってきただけの話です。

インドネシアは日本が助ける形で独立し、ベトナムだってあれだけ激しくアメリカと中国に介入されたけれども、それを退けて独立を遂げています。

オランダやフランスなどは、ものすごく東南アジアで搾取し続けたけれども、搾取された側の彼らには、俺たちは宗主国と闘って独立したんだという意識があるので、いまオランダやフランスを憎んでいません。

しかし韓国の場合はそうじゃない。日本の統治を受け入れてしまったわけで、反日を叫びながら、実はいまだに日本は素晴らしい、日本の統治時代は良かったと言っているのです。これが、もし曲がりなりにも韓国人の手で独立国になっていたとしたら、彼らの意識はまったく異なっていたはずです。だから韓国人は、日本が酷かったからではなくて日本が良かったから反日なんですよ。

高山　日本がアメリカのように悪ければよかった。

馬渕　これは逆説ですが、アメリカ人みたいにフィリピン人を虐殺したようなことをもし日本がやっていれば、彼らはこんなに反日にならなかった。

統治時代、日本は日本人と同じように韓国人を取り扱ったでしょう。従って、戦後に独立運動をする間もなく日本が引き揚げてしまったから民族としての誇りがないわけですよ。

高山　なるほど。だから北朝鮮に憧れるわけですね。

馬渕　そうです。私は何度も言っていますが、北朝鮮のほうが正統性があるから、韓国を併合してたとえば「高麗《こうらい》共和国」でも何でもいいので、南北統一が図れるんです。

いまの韓国人の自己嫌悪の性格は過去に原因があるので直しようがないんです。それは彼ら自身の責任だけれども、李承晩から始まって結局、自分たちの手で政府を持てなかったことに、その要因があります。そしてやっとまともな朴政権ができたと思ったら、朴正熙《パクチョンヒ》大統領は暗殺されたわけでしょう。

高山　中国も韓国も何かにつけて反日を理由にして動く国は、スネに傷を持っていて、人に言えない恥ずかしさがあるから内向せざるをえないのでしょうね。ここから反日を取ったらかわいそうに何も残らない。

馬渕　だから朴槿恵が「被害者意識は１０００年も消えない」なんて言ったのは、裏返してみれば自分たちに対する恨みなんですよ。つまり、韓国人は日本から自立するのに１０００年かかると嘆いているわけなのです。

高山　今後の付き合いについてはどうですか？

馬渕　それは、さっき話に上がったように、中国に対しては敬遠あるいは疎遠でもいいでしょうが、韓国に対しては敬遠とか疎遠ということでなくて「無視」することが肝要でしょうね。

いつまでも日本が韓国を特別扱いしているから、韓国は日本から自立することができないのです。常に日本との比較でしか物事を考えられない心理状態なのです。日韓関係を改善するためには、韓国を特別扱いせず放っておくこと、無視することがベストです。そうすれば、韓国は自立することができ、反日はやむことになるでしょう。

高山　古田博司《ふるたひろし》筑波大教授が、韓国に対しては「教えず、助けず、かかわらず」でいいと言っているのに、日本は「教えて、助けて、かかわる」と全部やってきたわけですから、これを全部やめて無視するのが最良の方法でしょうね。

馬渕　結局中国問題、韓国問題というのは日本自身の問題であるということを、我々は肝に銘じなければなりません。

日本が中国や韓国の反日態度を無理やり変えようとしても、まず不可能です。しかし、日本自身が現在の対中韓態度を改めればよいのです。そうすれば中韓の反日姿勢も変わることになるでしょう。

第5章

〝日本叩き〟と〝トランプ批判〟の間違いが糺《ただ》される日

どんなにメディアが叩いても支持率が低下しない安倍政権

高山　私は、GHQ以来続いてきたメディアの支配を打ち破ったのは、紛れもなく2012年11月30日に日本記者クラブ主催で開かれた党首討論会での安倍自民党総裁の発言だったと思っています。

それより前に行われた自由民主党総裁選挙（2012年9月26日）では、最初の投票で1位が石破茂《いしばしげる》、2位が石原伸晃《いしはらのぶてる》という結果でしたから、多くの人が病み上がりの安倍晋三《しんぞう》氏は3位と予測していたようでした。しかし、決選投票で安倍自民党総裁が誕生したわけで、あれは日本の奇跡の始まりだったと思います。

馬渕　なるほど、安倍さんが再び総裁に選ばれた直後、11党の党首が一堂に会したあの党首討論会のときですね。

高山　そうです。あの討論会でいま、TBSのニュース23のキャスターをやっている朝日新聞の星浩《ほしひろし》が安倍総裁に慰安婦強制連行問題を糺《ただ》した。

自分の会社で捏造した話を次期首相にどうするのかと勝ち誇って問うた。安倍総裁はこのときはっきり言った。「慰安婦問題は星さん。あなたの朝日新聞の誤報が元です。吉田《よしだ》清治《せいじ》という詐欺師のつくった話をまるで事実のように日本中に広めた」とやった。

トランプがCNNの記者に「お前のところは嘘《うそ》ばかり流す」と言ったのに似ている。

ＣＮＮの記者は大声で言い返しましたが、星は「朝日は嘘を広めた」とやられて黙ってしまいました。公開の場で、名指しでバシッとやられた朝日はしゃかりきになって、安倍総裁をつぶそうとしたんですが、朝日は何もできなかった。そして、自民は大勝して第２次安倍内閣が誕生しています。

その後、何とか安倍政権を潰そうと頑張ったけれど吉田清治の嘘は歴然としている。２０１４年の春に朝日は吉田清治の16本の記事を取り消して謝罪し、その年の秋には木村《きむら》伊量《ただかず》社長のクビまで差し出しています。つまり、朝日がどうあがいても、あの党首討論会のときに安倍に首根っこを抑えられたというか、ＧＨＱの意向のまま尊大に振るまってきた朝日の時代は終わったんですよ。

それでもいまだに朝日は、「戦争放棄」だとか何だとか相変わらずいろいろデマを飛ばして騒いでいるけれど、騒げば騒ぐほど、ほとんど何の効果もないですね。

馬渕　部数が減っていくだけでね（笑）。

髙山　米軍普天間《ふてんま》飛行場所属のオスプレイが墜落したと大騒ぎしても、政府は粛々とその飛行再開を認めた。別に飛行停止の必要もありませんと言って。朝日がどう笛を吹いても大衆はもう踊らなくなっている。

朝日新聞はあがきにあがいて、戦争法案とか言いかえてあわよくば60年安保のような格好に持っていこうと、煽り続けたことは間違いありません。しかし、何の効果も顕れていないでしょう。

というように、私はトランプ政権よりも一足先にメディアの欺瞞を暴いた。２０１６年11月に亡くなった奥野誠亮《おくのせいすけ》元法相のように、「日中戦争は侵略戦争じゃない」とひと言いっただけで、新聞社によってクビが飛ばされた、時代は終わったと思いますよ。

いまは、政治家が食言《しょくげん》しても、あまり問題にならずに通りすぎることが多いでしょう。だからまったく時代が変わってしまっているので、産経新聞や読売新聞ももう少し勇気をもって、従来の左翼支配の言論の壁を破れないかと私は思っています。

少なくとも、いままでのようにメディアの誹謗中傷で政治家がこけることがなくなり、逆に新聞社がクビを差し出す時代になった。これは以前とはたいへんな様変わりですよ。

馬渕　その意見には私もまったく同感です。

たとえば、いまだに産経と朝日とでは、慰安婦問題などの歴史認識について大きな開きがあります。しかし、おっしゃったように稲田《いなだ》防衛大臣が靖国に参拝して、これに関する記事がちょっとはあったけれども、徹底的に批判して引きずり下ろすような力が新聞等にはなくなっていますから、そういう意味では大きく変わったと言えますね。要は、変わっていないのはいわゆる「普遍的価値」を後生大事にする傾向です。

髙山　ああ、そうですね。

馬渕　私は普遍的価値を全面的に否定しようとは思わないし、いろんな形で世界の交流が深まっていくグローバル化も別に悪いと思いません。しかし、その前にきちんと我々が襟《えり》を正して、日本を大切にするというか、日本の伝統的な価値を取り戻す必要があるのです。つまり、日本人という自覚をしっかりと持ったうえで、国際交流を進めたらいいと思っています。また、こうした意味で普遍的価値と伝統的価値との関係をどう位置づけるかについて、産経新聞も悩んでおられるんじゃないかという気もするわけです。

アメリカファーストの成功が「日本ファースト」に通じる

髙山　一国主義のイメージが強いのでメディアには評判が悪いけれども、トランプがこれからアメリカ国民に自信を与えることによって、何となくアメリカの経済も上手く運んでいくような予感がします。

大企業の経営者たちもトランプのご機嫌を窺《うかが》いつつ、たとえば工場をメキシコから移したりして、協力的な姿勢を示していますから産業界のムードも上向いている感じがします。

これが良い手本になれば、「中国や韓国が良くなることは日本の国益につながる」とか馬鹿なこと言う連中は少なくなっていくでしょうね。

昔、台湾で李登輝《りとうき》さんに会ったときに「日本は何をやるべきか」と尋ねたら、「日本は世界の手本だから、まず道路を倍に広げて、住んでいる家も倍のサイズにしたほうがいい。こうしたことをやればインフラもさらに整備されて、日本はより住みやすい国になる。日本人がゆったりしたところに住むことができれば、それは世界にとって良い見本になるはずだ」というような話をされていました。

確かに、日本の街並みはどこもごちゃごちゃしている。対して台北《たいほく》も高雄《たかお》も、かつて日本がつくった街はそれこそ道が広く、豊かな大王椰子《だいおうやし》の並木があって、台北大学などはとてもいい佇《たたず》まいをしています。日本の都市部よりも立派な都市計画に基づいて造られているからです。

かつて台湾で、こうしたことができた本家本元の日本は、これからは自分の国のことにもっと専念したほうがいいと、李登輝さんは言われていたわけですが、日本はまず朝鮮や台湾をまともに育ててからと考えて、なかなか自分のことを構おうとはしなかった。

だから、トランプがまずアメリカファーストをやって見せて経済が浮揚するようになったら、それをそのまま日本に反射=リフレクトさせて日本ファーストに転がっていくと思いますし、安倍政権の長期安定にもつながると思います。

そして、その間にトランプに主導してもらいたいことは、先ほど触れたように、グローバル化の波に乗るような、国際的な友好関係の推進、あるいは移民の自由化といった愚策を取り下げていくということですね。

馬渕　トランプが言っていることはそういうことですよね。実は、私はトランプ自身が思っている以上に、アメリカの産業界に彼が望んでいることは成功すると見ています。

髙山　私も成功すると思いますね。

馬渕　フォードがメキシコに行く代わりにアメリカに工場を建てるようですね。いままでは「メキシコでもいいし、中国でもよくて、そこでそれなりの製品をつくって売ったほうが世界全体としてプラスだ」という間違った考え方をしていたわけでしょう。しかしそうした場合、メキシコであれ中国であれ、あるいは韓国であれ、いつまでたっても地場産業が自立できないことが一番問題なんです。

髙山　アメリカですら、いろんな産業がもう30年以上も再起できずにモタついています。

馬渕　アメリカの産業が海外に進出し、同時に海外の企業をアメリカに誘致したものだから、だんだん双方とも自立できなくなった。どこの国の産業も自立できなくなると、それならば「お前たちは、これからこのルールでやれ」という市場の支配者が、市場全体を掌握してしまうことになる。単純に言えば、グローバリズムというのは結局そういうものなんですね。

高山　フォードがアメリカに戻れば、今度はメイドインＵＳＡのフォードができることになって、それが良い製品であれば売れるということですね。

馬渕　そうです。売れるでしょう。

高山　昔はパーカーとかクロスだとか、デザインも良かったしメイドインＵＳＡというのは結構憧れでした。でも、いつの間にかアメリカ製がちゃちになってしまっています。

馬渕　そうですね。とくにアメリカ製の工業製品はロケットとか飛行機を除いて、汎用製品には優れた製品が少ないですね。

高山　工業製品以外を見渡してみるとマイクロソフトなどのＩＴ関連は別にして、メディカル関連のジョンソン＆ジョンソンやＰ＆Ｇ、ランジェリーメーカーのビクトリアシークレット、コカコーラやマクドナルド、あるいは映画産業、金融関連あたりですかね。

馬渕　それとジーンズですね。ジーンズはアメリカ発祥の製品で世界に広がっているわけで、メイドインＵＳＡであることが非常に重要なんですね。

日本の場合にしても本当に良い製品は、やはりメイドインジャパンの製品で、メイドインチャイナのパナソニックはだめでしょう。

日本企業を狙うアメリカ

高山 2008年から断続的にリコールが続いたタカタのエアバッグ問題は、2015年にアメリカの道路安全局が企業の不祥事と位置づけて最大2億ドル（約240億円）の民事制裁金を科すと発表していました。

実は、あの製品はタカタがメキシコに工場を展開してメキシコでつくった製品なんです。

馬渕 メキシコの部品を使っているんですよね。

高山 おまけに工場を監督したのはアメリカ人でめちゃくちゃな労働条件で工場を稼働した結果、10億ドル（約1150億円）の罰金でしょう。

工場をアメリカに置いて、日本人の監督下でメイドインUSAにしておけば責任も何もかもアメリカ国内の問題になっていた可能性があるのに、メキシコなんかで製造するからあれだけの大不祥事になってしまったわけなんです。あれもNAFTA（北米自由貿易協定）か何かに便乗したことが、そもそも最悪だったわけですよ。

馬渕 それで気づいたらアメリカにむしり取られているんですからね。

タカタのケースだって、外国製品を使って外国で生産をしているからそうなるわけで、それがグローバル企業の大きなリスク面なんですよ。いい面はあるかもしれないけれど、だいたいこうした問題を起こす企業は必ず外国の企業とかかわっているからやられるんです。

話が飛びますけれども、東芝がそうでしょう。あれはアメリカの原子力産業をGEなどと支えてきたウェスチングハウスの原子力部門を高い金で買ってしまったから、破綻《はたん》寸前の状況になっているんですね。

高山　東芝は潰《つぶ》れる可能性大で、まさにペテンですよ。

馬渕　潰れるでしょうね。あれはものすごく高い買い物だったんですよ。初めにウェスチングハウスから声をかけられた日立製作所は、あまりにも高い価格を提示されたので降りてしまい、そこに手を上げたのが東芝だったわけです。

だから狙《ねら》いは東芝潰しですよ。粉飾決算が問題ではなく、それを口実に使っているのでロッキード事件と同じですよ。

あれは東芝から原子力部門を引き離すという戦略に基づくもので、東芝はまだ原子力部門にしがみついているでしょう。原子力部門を売れば東芝叩きは絶対に終わりますよ。そうするとあの東芝問題とは何だったのかがわかるわけです。ところが日経新聞あたりは、そんなことは何も報じないで「粉飾決算」と違うところで攻めています。

高山　そういう意味でアメリカは強敵ですね。

馬渕　アメリカは強敵ですよ。しかし、これからトランプが言うように、メイドイン

ＵＳＡをつくるようになったら、だいぶその姿勢は変わっていくでしょう。

髙山　そうですね。

馬渕　下手すると、今度はメイドインＵＳＡが外国から賠償請求されることが理論上、起こりえます。アメリカの企業のようにそんなアホなことをする海外企業は、まずないと思いますが。

でも、アメリカはなぜ訴訟を頻繁にやるかというと、それで弁護士が儲《もう》かるからなんですね。弁護士が儲けやすいように、司法省も損害賠償だけでなく懲罰賠償を取り扱うようになっています。つまり、いくらでも賠償金が広がっていくシステムなんです。

私は三菱マテリアルが和解したことも危険だと思っています。あれも将来必ずやられます。三菱マテリアル潰しがこの次に始まるはずなんです。そういう意味でアメリカは強敵ですから、三菱マテリアルも予断は許されないと思いますね。

三菱重工が小型旅客機のＭＲＪ（三菱リージョナルジェット）をつくって、現在、試験飛行の段階にありますが、あれが飛行機利権に参入するようになれば潰されますよ。

アメリカは軍需製品の多くを日本に頼っている

髙山　ＭＲＪは、もう間もなく２５００時間の試験飛行が終わるんですよね。ＣＡＢ（適格審査機関）のチェックがね。私は、あれは成功してほしいと思っていますが、当初、初号機の納入時期は2013年と設定していたのに、5回も延期されて、2020年半ばに改められました。なぜトラぶったのか、実は空調システムはアメリカ製品を使っていた。それが故障して何回もの延期の原因になった。アメリカ製の部品を使うことは大きな市場となる米国市場での売り込みに有利という判断だった。信用の高い日本製を使えば避けられたトラブルだったと三菱関係者から聞いています。

昔、日本はアメリカの航空禁止令で研究も許されなかった。やっと自由になって製造したのがYS‐11ですが、世界市場で売る以上、そして日本側に大きな技術空白があった以上、信用ある外国製品を使わざるをえなかった。だから、エンジンはロールスロイス、プロペラはダウティ・ロートル、機体のジュラルミンも、エアコンも操縦系統も皆米国製だった。

今回はそんな昔と違って日本の技術が優位に立っている。それでもエンジンは英国製、そして空調はアメリカ製としているのは市場を睨《にら》んでの配慮でした。その配慮がアメリカの認可を取る障害となったのは何とも皮肉というか、残念なことです。

馬渕　成功してほしいですけどね。納期延期の理由について、三菱重工は操縦桿《かん》の動きを可動翼に伝える電気系統のシステムの見直しと発表していますが、結局、アメリカの認可を得なければならないわけで、あれこれ三菱重工にクレームをつけて、再三延期させているとしか思えません。

髙山 それに納期が延長されれば、ブラジルやカナダ、中国などの航空機メーカーの参入チャンスが増える、つまり三菱重工の競合相手が出てくることも問題ですね。過去、何度も事故を起こしている航空機メーカーであっても……。

馬渕 新型旅客機をつくったとしても、容易にアメリカの認可は取れないはずですよ。一方、三菱重工の場合、アメリカが突きつけてくる条件をすべてクリアして、アメリカ側に相当有利になる条件を提示すれば認可されるでしょうね。

つまり、残念ながらグローバリズムの悪い面ですけど、アメリカは自国内での製造をどんどん減らしてしまったので、いろいろな面で外国企業から利権を得ようとしているわけです。だからこれはアメリカに限らず、世界中が反省して、やはり愚直にモノづくりをしなければいけないということなんですよ。

髙山 そうですよね。ダグラスは性能の悪いDC-10をつくって潰れてしまったでしょう。航空機メーカーというのは軍事産業としての面もあるけれど、民間機の場合、ロッキードも撤退して、ボーイング1社になってしまいました。

馬渕 昔、ショート・エアクラフトだとかデ・ハビランド・カナダなど、しょっちゅう事故を起こすメーカーがありましたね。

髙山　そうそう。そういうだめになった中小メーカーを鉄道屋のボンバルディアが掻き集めて今の第3の「航空会社ボンバルディア」が登場した。案の定、故障続きで危なくてしょうがない。本当は日本がもっと航空機産業を牽引《けんいん》していくべきだし、その実力が日本にはありますよ。

馬渕　零戦をつくった国ですからね。世界に冠たる技術を持っています。現にボーイングやエアバスの旅客機には多くの日本製が使われています。とくに軽量化を図るために、胴体や翼のほとんどが三菱重工、川崎重工、東レなどの日本製で、そのほか制御装置のナブテスコなど、多くの企業が参入しています。

髙山　もうほとんど、メイドインUSAなどということでなくて、メイドウィズジャパンですね。だからアメリカは三菱重工潰しなどやめればいい。MRJは、ボーイング737よりもワンサイズ小さい旅客機で、ターボファンのボンバルディアと一部競合するサイズです。ボーイングには影響は少ないはずですよ。ボーイングとしては苦手としているところでしょうから、別な道を見つけるべきですよ。

馬渕　そうそう、住み分ければいいんです。

髙山　それはアメリカも望んでいることですしね。ここでアメリカが日本潰しを本気でやれば、軍需製品の部品の多くを日本に頼っているわけですから、アメリカ自体がたいへん困ることになります。

ソニーのビデオカメラの目であるＣＣＤ素子が、湾岸戦争時に使われた空対地ミサイル「マーベリック」のカメラとして使用されていますし、巡航ミサイル「トマホーク」などに使用されているセラミック容器は京セラ製です。

だからアメリカも分をわきまえているはずで、日本としては白人国家としての顔を一応立ててやるようにして、彼らが、どういう視線で日本を見ているかということを常に理解しなければいけませんね。

馬渕　そうですね。髙山さんがいつも言っておられるように、彼らは勝手に優越感を感じているんですが、彼らの屈折した心理を理解して対応しなければいけないと思いますね。

ということは、日本はボーイングのメンツを潰すような優秀な飛行機をつくっちゃいけないのかもしれません（笑）。

髙山　だから、安倍首相がトランプに会いに行って支那人みたいに、「マスター（ご主人様）」と彼を立てれば、それで済んじゃうわけですね（笑）。

何か事故が起きると、日本に責任転嫁するのが「白人国家」

馬渕　先ほどの話の繰り返しになりますが、トランプが製造業をアメリカに取り戻すと言っている以上、日本はそれに上手く乗っていくべきだと思います。となれば、アメリカも製造責任を負わなきゃならなくなるわけですし、これまで行われてきた、とにかく司法の力で金儲けをするというのも、少しはやむわけですよ。

髙山　そうですね。２０１３年に発生したボーイング７８７のバッテリー問題も、なかなか解決されなかった。

補助動力ユニットの始動と非常時のバックアップ用途に使用されているバッテリーは、ＧＳユアサ製のリチウムイオン電池で、何らかの原因で発火、発煙したものとされていますが、ＧＳユアサは「外部の電力サージの急増など、電池外部で発生した別の問題がバッテリーの燃焼につながった可能性がある」と説明しています。これもＭＲＪと似ていて、あの「すべて電力で」というシステムはフランスの会社タレスが入れたもので、その不具合が問題なのになぜか、日本のユアサバッテリーの名だけが表に出てくる。その辺に少しいかがわしいものを感じます。

何かこうした事故が起きると、日本に責任を負わせるように持っていくのが白人国家のやり方で、彼らが本当に良いものをつくりたいのなら、日本の技術や品質管理を素直に学ぶか、最初から日本のものを採用しろと言いたいですね。

前述したように三菱重工のＭＲＪの問題点も含め日本のメディアが、その辺をクリアにして、事故が起きたり、納期がおくれたりする理由は、日本製以外の製品を使うからだと、はっきり言えば一発で終わる話なんですよ。

新聞が、半年も真実を伝え続ければ、日本は大いに活気づくと思うんですがね。

若い人たちにメディア改革を期待

馬渕　しかし、やっていることは真逆で、むしろ足を引っ張るような報道ばかりしています。「三菱重工もあれが重荷になって将来が暗い」とか、そういうことを書いたり言ったりしているわけです。

髙山　それが信じられないですね。私が一番そう思ったのは、トヨタのレクサスの急加速事故が大騒ぎになったときです。アメリカ合衆国運輸長官（当時）のラフードが「トヨタに乗るな」と言った。とんでもない発言でしたが、それに対する朝日新聞の反応です。

あのときの朝日新聞の主筆は船橋洋一《ふなばしよういち》で、彼は「米国ではトヨタはいまや欠陥商品の代名詞になった」と書いていました。それに夕刊1面の短いコラム「素粒子」も普段は1つのフレーズが4、5行程度なのに、「トヨタの車を買ってしまって大損をした」とか「どうしてくれるんだ」とか14行も書いた。天声人語も同じようにトヨタ欠陥車を言い募った。しかし、アメリカがどう調べてもレクサスに問題はなかった。それじゃ困るから、ラフードはNASAに持ち込んで、何としてでも欠陥を見つけようとした。それでまったく欠陥がないことがわかったんですね。

事実が判明して、ラフードが何と言ったかというと、「娘にトヨタ車は安全だと薦め、実際に買った」と言って、まあ、事実上の謝罪と反省のポーズはとった。

で、朝日新聞はというと、主筆以下があれだけトヨタを貶《おとし》めた書き方をしておいて、お詫びも訂正もない。アメリカの尻馬に乗って日本製品を罵倒《ばとう》しておいて、間違いだったとわかったら素知らぬ顔をしている。

私は朝日を読むと、同じ新聞記者として理解に苦しみます。

こんなのが新聞であるはずがないと思いますし、そろそろ朝日の連中も反省をしないといけないでしょうね。長谷川熙《はせがわひろし》や永栄潔《ながえきよし》あたりは、いいことを言い始めたけれども、朝日を辞めてから言うなよ、なかにいたときに改めろよと言いたくなりますね。でも、まぁ悪い傾向ではありませんが……。

馬渕　私は朝日新聞の内部を知っているわけではありませんが、若い人のなかにはおかしいと感じている人がいるはずなんですよ。

それは朝日だけでなく、おそらくNHKなど他のメディアもそうでしょうから、是非そういう若い人たちに日本のメディアを改革してほしいと思いますね。

髙山 まったく同感ですし、期待したいですね。今回のトランプ誤報問題も反省の機会にしてほしいです。

馬渕 そうなら、いいんですけどね。そういう連中が、トランプが成功するかどうか見ているんだったら、私はまだ救えると思います。しかし、とにかく何としてでもトランプの成功を阻もうとするアメリカのメディアに、日本のメディアも同調してしまう危険があるので、そこが問題なんですよ。

だって最初の100日間は様子を見ていてもいいのに、まだ何もスタートしていないときから、世界はひどいことになる、たいへんだなんていう必要もないわけですよ。けれどそのように騒ぎ立てていることからして、すでに彼らの路線は決まっていたんじゃないかと思うわけです。

髙山 大統領就任式のときにホワイトハウス前のペンシルベニア大通りに詰めかける観衆は、オバマのときは百何十万人だったけれど、今度はせいぜい70万人から90万人などと、アメリカのメディアは言っていましたが、何でこういうどうでもいい話まで、日本のメディアは真似るんでしょうね。

それに前にも触れましたが、あなたが投票するとしたらというギャップの調査で、アメリカではヒラリー48%対トランプ41%なのに、日本では60%対8%まで差が広がった。要は、日本のメディアはアメリカ以上にバイアスをかけて報道していたことの証左ですが、その反省など、まったくないわけです。

それをいまもそのまま引きずっているから、あまり期待できないかもしれませんが、トランプが成功してくれれば、GDPが上がって町が明るくなり、失業者もホームレスも減っていくことになりますから、それが数字として表れた暁には、ほとんどのメディアがトランプを認めることになるでしょうね。

馬渕 それは楽しみですね。

髙山 その日のために、お前はあのとき、こう言っていたじゃないかという言質《げんち》を取っておかなきゃいかんですね。

馬渕 そう。それはお互いのためだという気がしますね。

髙山 そして、総じて言えることの1つ目は、アメリカは日本の高度な工業技術力に依存している部分がかなりあるので、トランプが志向するアメリカの内需活性化、つまりメイドインUSAを増やすためには、日本企業の協力がさらに必要になるはずですから、これまでのような〝日本叩き〟はなくなっていく可能性が高いということでしょうね。

あれほどレクサスをターゲットに騒ぎ立てたのに、トヨタの豊田章男《とよだあきお》社長はアメリカに1兆円規模の投資を行うと発表していました。となれば、雇用が増えるなどアメリカに経済効果がもたらされるわけですから、トランプがそれを歓迎しないはずはありません。

２つ目は、トランプという、いままでにないタイプの大統領の出現にアメリカのメディアも日本のメディアも翻弄《ほんろう》されっぱなしできましたが、そろそろ息切れして、次第に〝トランプ批判〟は弱まっていく可能性が高いということです。

要は〝日本叩き〟と〝トランプ批判〟の間違いが糺される日は近いと言えるでしょうね。

馬渕　是非、そうあってほしいものです。

第6章　日本神道にすべての解がある

映画「沈黙」は反日プロパガンダの一環

高山　第3章でキリシタンについて話しましたが、マーティン・スコセッシという映画監督が遠藤周作《えんどうしゅうさく》の『沈黙』を映画化して、2017年の1月下旬から上映されています。

彼はクリスチャンだから伝説どおりに映画化したのでしょうが、日本人の異端市民というのは唯一「踏み絵」という究極の選択によって裁かれたわけで、この映画では「踏み絵」を踏んだ人間を「転ぶ」という言葉をたびたび使って、神を裏切った者として描いています。

ではキリスト教国家はどうしたかというと、異端市民に18リットルもの水を飲ませたり、焼けた鉄の靴を履かせたり、親指をペンチでつぶしたり、さんざんなことをやって異端市民を迫害していたわけでしょう。転ばなければ皆殺ししてしまった。一方、日本の場合はというと、「踏み絵」を踏みなさい、踏んだら許しますよとしていたわけですから、こんな心優しい国を、よくもお前らは醜く描いてくれたものだと腹が立つ。

たとえば、スコセッシはキリシタン迫害に蓑《みの》を着せて火をつけてあぶり殺すという「蓑踊り」をやらせるシーンを入れている。司馬遼太郎《しばりょうたろう》も『街道を行く』の中でそれをやったといわれる天草の松倉重正《まつくらしげまさ》を「日本の歴史の中で彼以上の悪人はいない」みたいに書いている。しかし、日本側の資料にそんなことは出ていない。そういう残虐なことをやったと触れ歩いているのはオランダ人とポルトガル人ですよ。

これを世界史のなかで見ると、蓑踊りが出てくる半世紀前に、ラスカサスが「インディオの破壊に関する簡潔な報告」を出していて欧州ではベストセラーになっていた。そのなかに「インディオに藁《わら》をくくりつけて火をつける」描写がある。つまり、キリシタンを野蛮のなんのと非難して追い出した日本人を何とか悪く言いたいと、ラスカサスの話を日本のことにして、日本もスペイン人以上に残虐だと宣伝した可能性がある。そういうところをきちんと精査もしないで「日本残虐」とやるスコセッシはGHQの「War Guilt Information Program（WGIP）」と同じ、デマと見たほうがいい。彼ら白人キリスト教団がやったジョルダーノ・ブルーノ焚殺《ふんさつ》の方がはるかに残虐です。

映画だとはいえ、許せない問題です。

馬渕　それは、反日プロパガンダの一環でしょう。私はまだその映画見ていないので論評しづらいけれど、お聞きしているような感じで日本を酷く描くことが映画の目的だとすれば、おそらく遠藤周作の原作の意味をまったく誤解しているんですよ。

映画評論家でもない私が言うのもおかしな話ですが、遠藤周作は、実は「踏み絵」を踏んでもいいんじゃないかと言っているんです。「踏み絵」を踏むことがなぜその信仰の放棄になるのか、そんなにイエス様は厳しい人なのか、そうじゃないでしょう、「踏み絵」

を踏んだって許してくれるんじゃないの、ということだと思いますよね。

髙山　要するに、「転んで」「転んで」もいいと……。

馬渕　そう「転んで」もいいわけで、実はロシア正教がそうなんですよ。だからこそロシア正教は共産主義のもとでも生き延びられたんですが、あれが面従腹背《めんじゅうふくはい》（うわべだけ上の者に従うように見せていて、内心では従わないこと）でだめだということだったら残らなかったでしょうね。

遠藤周作はカトリックですが、もしロシア正教を知っていたら、おそらくカトリックの問題点をもっと鋭く描くことができたんじゃないかと思うんです。

新興宗教によっては、教義に非常に厳しく、少しでも違反すれば破門だとかお前は地獄に行くなどと信者を非難するケースがあります。しかし、神というものが存在するならば、神が説く愛というのは本来そんな偏狭なものではないはずなんですよ。

私は、遠藤周作にはそういう素朴な疑問があって、最後に彼は仏教徒になったんじゃないかと勝手に思っているけれど、『深い河』という小説の最後、5人の主人公がガンジス川と向き合うシーンにはそれを感じさせるところがあります。いずれにせよ小説、戯曲、演劇等々、日本を貶《おとし》めようとする勢力はあらゆるものを利用するんです。

髙山　デヴィッド・リーン監督の「戦場にかける橋」もそうですね。

馬渕　そう、ハリウッドの名のもとでプロパガンダを堂々とやるわけですよ。だからといって映画は好き好きだから、私は別にそれを見るなと責める気はさらさらないけれど、ハリウッドが、誰のどんな思想を体しているかということをよく考えなければいけないでしょう。それを知った上で鑑賞して笑ったり泣いたりするのはいいんだけれども、何も知らずに勝手に洗脳されてはならないと思いますね。

波紋を呼んだローマ法王のトランプへの発言

髙山　ユダヤ教の場合、いまは異教徒と結婚をしてもいいことになっています。ただ母親がユダヤ教徒なら子供もユダヤ教徒、父親がユダヤ教徒の場合は子供に選択権があるとしているんですが、宗教的な規律の枠をかなり広げています。

ところがイスラム教だけは、結婚するなら絶対イスラム教に帰依《きえ》しなければならないし、いったんイスラム教徒になったら子々孫々一生抜けることはできません。生涯豚肉を食べてはならないとか、飲酒はほぼ禁止とか、断食・礼拝・聖地巡礼などの厳しい戒律があって、そういう意味では不寛容なんですね。

こうしたことから、トランプがイスラム過激派についてテロ行為を絡めて発言したり、メキシコとの国境に不法移民を防ぐための壁を建設すると発言したことに対して、ローマ・

カトリック教会のフランシスコ法王が「橋を築くことでなく、壁を造ろうと、それだけを考えている人は、それがどこであろうと、キリスト教徒ではない」と語ったのは、衝撃的な出来事でした。

馬渕　一種の破門宣言のようなものでしたね。

髙山　そうですね。あれでかえってトランプは清々《せいせい》したんじゃないかと思いますね。だいたいトランプはプロテスタントでカトリックじゃないし、ローマ法王とは違う派に属しているんですから。でも、あれはちょっと異様でした。

ローマ法王が大統領選に介入すること自体が異様だし、ローマ法王も含めてあれもグローバリストが嚙《か》んでいたんでしょうか。

馬渕　もともとカトリックっていうのは普遍という意味ですから、グローバリズムの考え方をするので、政治介入という意識はなかったと思います。しかし、世俗の世界では選挙運動中にトランプを批判することで、反トランプ陣営の追い風になったことはたしかでしょう。

いずれにせよ、いまのアメリカはトランプが分断させているということではなくて、もともと分断していたところにトランプが登場して、それまでポリティカル・コレクトネスの言葉狩りが怖くて声を上げられなかった人々の心情に直接訴えかけたのです。それで声なき人々を抑圧していた勢力が、メディアも含めてこれはたいへんだということで、トランプがアメリカ社会を分断させていると喧伝《けんでん》しているわけです。

ミュージカル「ハミルトン」の主人公はアメリカを悪くした張本人

馬渕　「ハミルトン」というブロードウェイ・ミュージカルがあって、2016年11月にペンス次期副大統領（当時）がこれを観に行った際、思わぬ出来事がありました。

終演後、このミュージカルの準主役の黒人俳優ブランドン・ディクソンが、ペンスに向かって「私たちの政権でもあってほしい」「米国の価値を守って」と言って、新政権が人種などの多様性を認めるよう呼び掛けたそうですが、これはやはり俳優個人の発言ということではなく、何か違う力が働いたからだと思いますね。

しかもこの「ハミルトン」というミュージカルが象徴的なんです。「ハミルトン」は、アレクサンダー・ハミルトンというジャマイカからの移民が軍人、政治家、弁護士として数々の功績を残していく実話に基づく出世物語ですが、私はこの人物こそアメリカを悪くした張本人だと思っています。

高山　彼は「アメリカ合衆国建国の父」の1人でたしかトーマス・ジェファーソンと激しくやりあった。大統領でもないのにドル紙幣、10ドル札の顔になっていますよね。

馬渕　そうです。ハミルトンは初代財務長官に抜擢《ばってき》され、アメリカ経済になかった中央銀行を設立した功労者と評されています。

しかし、この中央銀行の設立には閣僚のトーマス・ジェファーソン（後の第3代合衆国大統領）や大物政治家のベンジャミン・フランクリンなどが猛烈に反対し、当時の大統領・ワシントンも乗り気でなかったと伝わっていますが、なぜハミルトンが中央銀行を設立することができたのかというと、イギリスを中心とする国際金融勢力がアメリカの金融を掌握するためにハミルトンは利用されたと私は思っています。

ちなみに、ハミルトンはその後、アロン・バーという人物との決闘で殺されていて、その理由は長年の政敵との確執とか、不倫問題が絡んでいたとされているものの、なんでそんな決闘をしたのか、不思議です。中央銀行設立にかかわる何らかの不都合を知りすぎて口封じされたとも言われています。

中央銀行ができたのは１７９１年のことで合衆国第1銀行と言います。資本関係は80%が民間資本、20%が政府資本で20年の期限付きでした。しかし、20年後は１８１１年ということになりますが、アメリカ議会が1票差で否決して１８１１年にこれは更新されなかったんです。そして、その翌１８１２年に何が起こったかというと米英戦争が起こっているんですよ。

そこで米英戦争の原因について調べてみると、どの本を見ても納得できる説明がないので私は、これは完全にイギリスがけしかけたと思ったわけです。つまり、更新されなかったために中央銀行がなくなり、今度は中央銀行をつくらせるために戦争をけしかけて、そして無益な戦争やってアメリカは赤字に陥り、これはたいへんだ、やっぱり中央銀行が必要だということで1816年に同じ条件でできたのが第2合衆国銀行だったわけです。

それから同じ期限の20年後の1836年、アンドリュー・ジャクソン第7代アメリカ合衆国大統領は、第2合衆国銀行に対して銀行認可の更新を認めず、以降アメリカは1913年のFRB設立まで中央銀行不在の時代が続くのです。

髙山　要は、ロスチャイルド家が仕切っている中央銀行をアンドリュー・ジャクソンが締め出したんですね。

〝トランプ暗殺〟の可能性は否定できない

馬渕　そのとおりです。アンドリュー・ジャクソンはロスチャイルド家やその意を受けた政治家の圧力に最後まで抵抗して更新を認めなかったんですよ。それで彼がアメリカの大統領のなかで最初の暗殺（未遂で終わった）のターゲットになったということです。

このように見ていくと別に陰謀論でなくて、全部つながっていくんですね。

なぜジャクソンが暗殺のターゲットになったのかというのは合理的に説明できないでしょう。しかし中央銀行の更新に最後まで抵抗したから金融勢力ににらまれたわけで、その後もアメリカでは国際金融勢力に挑戦した大統領が、ご承知のように何人も暗殺されているんですよ。

髙山　すでに話に出ていましたが、政府紙幣系をつくったリンカーンとか……。

馬渕　そうそう、リンカーンとかケネディもね。

それにレーガンの暗殺未遂については、レーガンがFRB（連邦準備制度理事会）の新理事をめぐって、当時のボルカーFRB議長に圧力を掛けたことや、そもそもFRBの存在意義に懐疑的だったことなどFRBがらみが背景になっていたと考えられます。

また、この例から言えば、一時、イエレンを交替させるなんて叫んでいたトランプは多分FRBには手をつけないでしょう。しかし、将来FRBにかかわる何らかの虎の尾を踏んでしまった場合は、彼にそういう危険が迫ってくる可能性がないとは言えないでしょう。

髙山　でもアメリカ人だったらそういう歴史は知っていますよね。

馬渕　いや、本当のことを知らない人もいますよ。

レーガンの暗殺未遂犯のジョン・ヒンクリーは、女優のジョディ・フォスターのパパラッチみたいなことをやっていて、そういう精神異常者だということで無罪放免になっていますが、こういうケースについても詳しく調べていけばアメリカの正体というか、暗部が浮かび上がってくるはずなんですよ。

アメリカの金融を握っているウォール街の連中が、いわゆる軍産複合体を支えていて、その運営というか実行部隊がネオコン（新保守主義者）なんですね。

しかし、いまアメリカのそうしたエスタブリッシュメント（支配階級）による支配が崩れつつあるわけで、まさに「トランプ現象」が、その支配の終わりの始まりを告げているということなんですよ。

すでにトランプおろしが始まっている

高山　政権交代にいたる前も就任式のときも、その後もずーっとトランプの悪口ばかりで、こんなことは初めてですね。

馬渕　そうですね。前章でも述べたように、アメリカの場合は100日ルールという蜜月期間が設けられていて、大統領就任後、最初の100日間は大統領を批判せずに、暖かく見守るという紳士協定のようなものがあるわけでしょう。しかし、おっしゃったとおりずーっとメディアも反対勢力もトランプを叩いているわけですから、これはやはり革命と捉えるべきでしょうね。

高山　予想以上に大きなね。

馬渕　明らかに革命ですよ。既存の利権というものが脅かされ、メディアも学者や評論家たちも従来の概念が覆されつつありますから、トランプに反対する勢力はあらゆる手を使ってトランプを叩くはずで、それはトランプが彼らの軍門に下らない限り続くでしょうね。

高山　蜜月がなくなっちゃうわけだ。

馬渕　蜜月は最初から存在しないし、蜜月どころではなくて、私は第2のウォーターゲート事件だと言っているんですが、すでにトランプおろしは始まっています。

高山　トランプは義理の息子を通して、ユダヤ系アシュケナージ（東欧などに定住した人々やその子孫。あるいは同地からイスラエルに移住したユダヤ人とその子孫の集団）にコネクションを持っていて、たとえばロシアに対しては、バルト3国での衝突を回避するということなども含めて、一応警戒はするけれども先鋭化はしない姿勢を示しているし、その辺はきっちり手を打っているわけでしょう。

馬渕　いまおっしゃったように、トランプは反グローバリズムですが、必ずしも反ユダヤではない。ユダヤ人脈もあるし、イスラエルのネタニヤフ首相とも親しい間柄です。

ユダヤ社会というのはアシュケナージが優位と言えるんですが、ユダヤ社会も割れているんですよね。経済ユダヤと宗教ユダヤに分かれていて、経済ユダヤというのは要するにアシュケナージで普遍主義者というか国際主義者と言えます。一方、民族ユダヤというのは主としていまのイスラエルのセム族（セム語系の言語を用いる諸民族の総称）のユダヤ人を指すわけで、敬虔《けいけん》なユダヤ教徒が多いんですよ。

でもウォールストリートの連中はというと、多くは東欧やロシアからのユダヤ系移民で、必ずしも敬虔なユダヤ教徒ではないんです。

ユダヤ教の真髄について、私もイスラエルにいるときに学者に聞いてみたり、本を読んで勉強したりしたんですが、行き着いたのは、いまでもユダヤ人のあいだで最も尊敬されている賢者の1人、ラビ・アキバの言葉でした。

いまから約2000年前にユダヤ教の教えの真髄は何かという質問に対して、ラビ・アキバは「あなた自身を愛するごとく隣人を愛しなさい」と答えたことが伝わっていますが、彼の言葉はレビ記（旧約聖書中の1書でモーセ5書のうちの1書）に書かれているので、おそらくユダヤ教のまともな研究者とか、信者たちはユダヤ教の真髄はこれだと思っているはずなんですね。

ですから「隣人を愛しなさい」という言葉は、イエス・キリストの言葉だと我々は思っていますが、それよりはるか昔にユダヤ教の旧約聖書に出ているわけです。

髙山　モーゼの十戒には、隣人のものを盗むな、隣人を殺すな、隣人の妻を寝取るなと全部隣人が頭についているので、隣人が一番ややこしいという意味なんだろうとは思っていましたが……。

馬渕　当時、そういうことをやっていたということでしょうね（笑）。

髙山　一番仲違いするのは隣人・隣国だということですね。

原罪を負わないイスラム教とユダヤ教

馬渕　先ほど髙山さんが触れられていたイスラム教についてですが、私が直接イスラム教の指導者（イマーム）にイスラム教の真髄は何かという、同じような質問をしたところ「イスラム教の教えは、あなた自身を愛するごとく隣人を愛しなさいということです」というユダヤ教と同じ答えが返ってきたので、私はびっくりしましたね。

それで、イスラム教のコーラン（聖典）に何が書いてあるかというと、旧約聖書の話が書いてあり、しかもマホメットが「最も優れた一神教徒であるアブラハムの昔に帰ろう」と説いているわけですから、ユダヤ教がイスラム教の母体のはずなんですよ。

そうすると、イスラム教はユダヤ教とまったく同根の宗教ということになりますから、むしろキリスト教のほうが、別に悪いという意味じゃなくて異端であって、いま我々がキリスト教として認識しているのは、原罪説を唱えているパウロの教えなんですね。

髙山　今年の1月初め頃に亡くなったイランの元大統領ラフサンジャニが、テヘランで金曜礼拝導師として説教をした際、そのような話が出て、キリスト教には原罪があるけれども、イスラムの世界では女性は原罪を負っていないし、だから男性も原罪を負っていないと言っていたことを思い出します。

馬渕　そうですか、女性は原罪を負っていないので、女性から生まれる男性も原罪を背負っていないということですね。

髙山　パウロの原罪説では、アダムとイブがいてイブが罪を犯したから、女性は原罪を負っていることになっているわけでしょう。ところがラフサンジャニは、イスラムの世界では女性にも男性にも原罪がないと言っていたわけですから、イスラムってそういうものなのかと思ったのと同時に、その割には「不寛容」じゃないかと感じましたね。

馬渕　なるほど、そうでしたか。

髙山　コーランには女性をザイフェーと言って、これはアラビア語で半端者という意味なんですが、イスラムの法律（シャリーア）では、女性の権利は男性の半分と規定されているんですよ。

それは、女性は2人証言して初めて1つの証言として扱うみたいなことで、たとえば、私がイランに行って間もない頃、硫酸をかけて女性の両眼を潰してしまった男性がいて、その報復として行われた刑は、その犯人の男性の片目を硫酸で焼くということだったので、正直、ずいぶんひどいことをする国だなと思いましたね。

馬渕　その話は初めて伺いました。パウロに教えを説かれなくても、アダムとイブは堕落して、その罰を受けたんだという旧約聖書の発想を、イスラム教も引きずっていると思っていたんですが……。

髙山　その解釈は違うんですよ。ラフサンジャニはイスラム教には原罪がないと言っていたんですよ。私は通訳を通して聞いていたから、ペルシア語でなんて言ったかわからなかったけれども、この話は翌日テヘランタイムズにも訳されて主旨は出るんですよ。それを切り取ってファイルした記憶がありますけどね。

馬渕　私は、お前は生まれつき罪人なんだからイエス・キリストにお縋《すが》りする以外ないんだということで、原罪説は政治的にいくらでも悪用できると思っています。

しかし、先ほども申し上げましたが、ロシア正教は原罪説ではなく、性善説なので違うんですね。従って私は、日本人とロシア人は意外に信仰面でも合うところがあると思っていますし、実際にロシア人とはなんとなく合うんですよ。中国人とはまず無理ですが……。

髙山　そう、まったく合いません。韓国人とは合うようでいて、なかなか最後に上手くいきませんしね。

一神教の教義を日本人も知っておく必要がある

馬渕　ところで、先ほどまでの宗教の話を振り返ってみますと、キリスト教、ユダヤ教、イスラム教という一神教の教義や関係性を我々も知っておく必要がありますね。

高山　そうですね。さっき「沈黙」という映画の話が出ましたが、要するに世界中の国のなかで、キリスト教を入れておきながら偏狭でよくないからと追い出した歴史を持っているのは日本だけでしょう。

馬渕　追い出してまた戻ってきてね。

高山　戻ってきたときに、明治新政府が旧幕府の高札を撤去し、その代わりに立てた五榜《ごぼう》の高札《こうさつ》というものがあったんですよ。

この高札には「キリシタン、邪宗門の儀は固く禁じる」と書いてあって、アメリカ人が目ざとく見つけて文句を言ってきた。それで横浜の居留地にあった高札だけは引き抜きましたが、それはずっと有効だった。

つまり、キリスト教のほうが悔い改めて、前来たときのような横暴な振る舞いをせず、奴隷制度もやめたというから、日本は認めてやったわけで、こういうことを日本はきちんとやってきたんですね。

また、キリスト教のほうも強制的に折伏《しゃくぶく》するようなことをしないから、いまもその宗教活動を認めているわけで、秀吉の時代と同じようなことがあったら、また追い出してしまうでしょうね。

馬渕　それはそうですよね。

高山　日本人の宗教観は、日本には八百万《やおよろず》の神がいるという認識ですから、悪い神が入ってくるということは認めないんです。また、それだけ厳しい日本人は、不寛容を旨とするような宗教は否定するはずですから、そうした目線で、もう少し一神教を真剣に見極める必要がありますね。なぜならイスラム教の場合、いまだにいったん帰依《きえ》したら抜けられないんですから。

そこで思い出されるのが、イギリスの作家、サルマン・ラシュディが書いた『悪魔の詩』という小説です。１９８８年に発表されたこの小説は、イスラム教の預言者ムハンマドの生涯を題材にしていますが、当時のイランの最高指導者ホメイニ師が、この小説はムハンマドを冒瀆《ぼうとく》しているとして、ラシュディに死刑の宣告をしています。

ただ、この死刑宣告はあくまで表向きで、その理由書を見ると、はっきりとエクスコミュニケート＝破門したと記されていて、その上で他宗教、彼の場合キリスト教に転向したことがイスラムでいうアラーに対する大罪にあたり、死刑が宣告されたことになっているんです。

従って、『悪魔の詩』は構成要件ではあっても直接の死刑宣告要因ではなくて、ラシュディに対する死刑の主文はあくまで改宗なんですよ。

私がテヘランにいたときも、フェダイン・ハルクという共産主義者の党があって、この種の共産主義者は、共産主義という宗教に見なされて石打刑で処刑されていました。あれは私がイランに行って最初に見せられた映像でしたが、本当に石を投げつけて殺しているんです。

イスラム教よりもはるかに「不寛容」なキリスト教

馬渕　先ほどおっしゃっていた「不寛容」という言葉は非常に重要ですね。というのは、いまの髙山さんお話にあった、イスラム教徒がイスラム教の教えを破った場合にはエクスコミュニケート＝破門あるいは死刑になるということからすれば、それこそ「不寛容」だということですよね。

しかし、イランにおられた髙山さんが、非イスラム教徒の日本人だからといって「不寛容」の対象にはならないわけでしょう。それに、イスラム教徒にならなきゃだめだというような折伏もないと。

髙山　そういうのはまったくありませんね。ただ将来どうなるかということを、あまり考えずにイスラム教徒と結婚している日本人が結構いるので、多少心配ではありますね。

イスラム教では火葬はだめで、必ず土葬にしなければいけませんし、必ず1日5回礼拝するように決まっているわけです。それに、男子は割礼《かつれい》をするし、これは仮性包茎手術だから日本人でも歓迎するだろうけれども、その他、食べ物の規制や改宗の禁止など、いろんなイスラム教徒としての縛りがあって、結婚相手も仏教徒だとか神道を信ずる人とは結婚できないという戒律があります。

馬渕　たとえば日本人女性がイスラムの男性と結婚した場合、その女性は必ずイスラム教に改宗しなければならないし、前の宗教からは抜けなきゃいけないということですね。

髙山　ということは、結婚して生まれた子供は全部イスラム教徒ということになりますから、イスラム教徒がどんどん増えている理由はそれなんですよ。

そして、こうした状況を容認して日本にはびこらせるというのは、日本は宗教には寛容だけれども「不寛容の宗教」には寛容でないわけですから、「不寛容」を持ち込む、つまり改宗の自由がない宗教に対しては、宗教の自由という原則を知らしめておかないと、それこそ日本の文化が潰れていってしまうことになりかねないわけです。

馬渕　ちょっと「不寛容」にこだわるようですけれども、イスラム教の「不寛容」とキリスト教の「不寛容」は異なっていて、それは日本でもキリシタンがそうであったように、キリスト教の「不寛容」というのは他の宗教をいっさい認めないという考え方ですから、これはイスラム教よりもたちが悪いんですよ。

高山　そうですね。

馬渕　だから中南米であれだけの原住民を皆殺しにして、強制的にキリスト教に改宗させたことをまったく恥じていないわけですよ。私はこうしたことだけを取り上げても、キリスト教のほうがイスラム教よりもはるかに「不寛容」だと思いますね。

これに対してユダヤ教というのは「不寛容」ではあるんですが、別に信者が増えなくてもよく、ユダヤ教徒だけの民族宗教だという発想で、自分たちの宗教を強要することはないんですよ。

高山　つまり、クリスチャンはクリスチャンでいい、お前はユダヤ教徒になれとはユダヤ教徒は言わなかったけれど、キリスト教徒はユダヤ教徒にキリスト教徒になれと、無理やり改宗させたわけですよね。

馬渕　キリスト教は、そうしたことをヨーロッパでもさんざんやってきて、それでスペインのマラーノ（スペイン語で豚、もしくは汚らしい人を示す言葉）じゃないけれども、いやいやながらユダヤ教からキリスト教に改宗した人たちを異端視し、侮蔑《ぶべつ》的に扱ったという話になるわけです。

神道の寛容さを世界も見習ってほしい

馬渕　ユダヤ教、イスラム教、キリスト教、あるいは東方正教会のロシア正教等々、それぞれの分派を含めて、さて宗教とは何か、人間の尊厳とは何かということを突き詰めていくと、結局、神道的な宗教観にたどり着くと思いますし、神道の寛容さを世界も見習っていくことを期待しますね。

神道の場合は、日本に仏教が伝来してもいっさい拒むことなく、神道を否定しない限り受け容れました。ところが髙山さんが先ほどおっしゃっていたように、キリスト教の場合は仏教同様に伝来したものの、他の宗教を否定したから追い出されてしまったわけで、これは当然のことなんですね。

このあたりのことを東北大学名誉教授の田中英道《たなかひでみち》さんが、「共同宗教」と「個人宗教」の違いということで非常に上手く説明しておられます（『日本の宗教　本当は何がすごいのか』育鵬社）。その説によれば、日本の宗教つまり日本神道は家族や国家などの共同体宗教であり、個人宗教として仏教徒、イスラム教徒、キリスト教徒などがいることを拒まないわけです。そこには上位も下位もなく、これが神道ならではの寛容さということです。ただし、共同体宗教を否定することは許さないという一線はあります。

髙山　バテレン追放とかになるわけですね。

馬渕　そうです。だからイスラム教であれキリスト教であれ、我々が神社に行くのを認めさえすれば、堂々といくらでもやってくださいという姿勢です。

髙山　でも、私はイランなどのイスラムの世界に行ったことがあるからわかるんですが、先ほども申し上げたとおり、1度イスラム教徒になると抜けられないことを最低の知識として持っておく必要がありますね。

馬渕　しかし、抜けられないというのは豚肉を食べちゃいけないとか、1日5回の礼拝をしなければならないということなのでしょうが、実際にそうしたことを守らなければ、事実上抜けているようなもんですよね。

髙山　それにしても、『悪魔の詩』を書いたサルマン・ラシュディのように改宗してイスラム教を捨てれば死罪を宣告されてしまうんですよ。

馬渕　しかし、捨てたとは言わずに不作為にですよ。つまりお祈りにも行かない、食事のときも実はこっそり豚肉を食べている、それにアッラーの名も呼ばないとなると、どうなるんでしょう。

髙山　そこまでコントロールできないでしょうね。

馬渕　なぜこんな話をしたかというと、エルドアンが大統領になってから変わったんですが、トルコがそうなんですよ。

トルコの外交官たちは平気で豚肉を食べていて、何も問題ないという表情だし、それでいてイスラム教徒だって言っているんですが、イスラム教の教義からすれば、それは破門の対象になるわけですよね。

高山　破門になるかどうかはともかくとして、それは教義に反したということでザカート（喜捨：進んで金品を寄付・施捨すること）をしろということになりますね。

馬渕　ああ、喜捨をすればいいんですか。

高山　いま、シリアの内戦をはじめ、イスラム過激派組織ＩＳ（イスラム国）によるテロ活動が問題になっていますが、ああした組織はイラン革命やイラン・イラク戦争、イラク戦争のときもあったんですよ。

彼らの戦闘行為は　イスラムにおける信徒（ムスリム）の義務の1つになっていて、いわゆるジハード（一般的に聖戦という意味）ということで展開されているものの、子供が利用され犠牲になっていることが問題です。

ホメイニ革命のときにバシジ（イランの人民後備軍）という戦闘部隊が組織され、これに中学生くらいの子供を参加させ、イラン・イラク戦争のときには、この子供たちに最前線の地雷原を突っ走らせて、皆ふっ飛んでしまった後に革命防衛隊が進攻するということがあったそうです。

それでたくさんの子供たちが死んでしまい、イランに行くと、道路の中央分離帯やロータリーの壁面に、もう信じられないほどの子供の写真が並んでいるんですよ。墓地に行っても、どう見たって子供の写真がお墓に架けられていて、当然、こんなものを目にすれば悲しくなるし、イスラム教が狂気を内在した宗教であることを実感すると同時に、神道の寛容さを思うわけです。

だから、繰り返しになりますが、私が一番申し上げたいことは、イスラム教の教義は子々孫々まで影響するので、それを覚悟して結婚すべきだということです。

人知を超えた日本神道の宗教観

髙山　日本神道の素晴らしさについて馬渕さんは他で書かれていましたが、伊勢神宮に行ったときに私もある光景を目の当たりにして、それを実感しましたね。

イスラム教かキリスト教かよくわからない外国人の集団が、あの鬱蒼《うっそう》とした長い参道をゆっくりと歩いてきて、内宮《ないくう》前の石段に差しかかると、皆一様に帽子を取って石段を上がってくるんですすね。

連中が帽子を取るなんてあまり見たことがないから、あーやはり彼らも我々日本人と同じように、きれいに澄んだ五十鈴《いすず》川や社《やしろ》の佇《たたず》まい、周囲の深い森から神の存在を感じているんだなと思ったわけですが、あの神聖な場所には、それこそ本当に世界にいろいろ教えるものがあるんですね。

馬渕　それは非常に重要なことですね。２０１６年5月の伊勢志摩《いせしま》サミットの際、世界7カ国の首脳は伊勢神宮に行って、ただ黙って歩いて参拝して帰ってきただけでした。

　ところが記帳された文章を読むと、たとえばオバマ大統領（当時）は「神聖なこの地を訪れることができ、非常に光栄に思います。世界中の人々が平和に、理解しあって共生できるようお祈りいたします」と書いていて、他の首脳も一様に平和、調和、自然、静謐《せいひつ》といった言葉を使っていました。たぶん、伊勢神宮全体の佇まいに各国首脳が同じような印象を抱いて、同じような言葉を記すことになったんでしょうね。

髙山　だいたいよその国に、鳥居があってその前に橋が掛かっていて、きれいな川の流れがあって、あんな門構えの宗教施設なんかないですよ。

　別に何か飾っているわけでもなく、玉砂利だけが敷いてあって、森に囲まれた静謐な道を歩んで行くと、とてもシンプルな神殿が現れるわけですから、あの神聖さは人智を超えたものとしか言いようがありません。

馬渕　そうですね。大切にしてきた森のなかに、檜《ひのき》でつくった神社がただ鎮座しているだけなのに、何となくそこで頭を下げるというのは、日本人にとってごく自然なことで、日本らしさを感じさせますよね。

髙山　神社に参拝することを強要しないし、折伏《しゃくぶく》することもないし、教典にあたるものもないわけですから、こんな宗教は他でお目にかかりません。だから私は昔から、神道は宗教とは何かが違うので哲学に近いと思っているんですよ。

馬渕　ええ、それはおっしゃるとおりですね。

宗教というのは西洋文明の概念であって、ご承知のように、我が国で宗教という言葉が使われるようになったのは明治になってからです。

そういう意味では、我々日本人には別に宗教という言葉は要らなかったと言えるし、いつも神々と一緒に暮らしてきたという、つまり、古代からずっと伝わってきた「かんながら（神の御心のままで人為の加わらないまことの道）」を歩んできたという感覚が日本人にはあるわけです。

そしてこうした感覚を、お天道様が見ているから悪いことはできないぞ、というような話として年寄りたちが伝えてきたわけで、だから教義なんて要らないし、そのほうが自然でいいというのが神道らしさになっているんですね。

従って、これを逆にとらえれば、教義をつくると異端が出てくることになるわけで、お前はこの教えに反しているとか、その解釈は違うとかということになって、宗教的争いの火種がつくられてしまうわけです。

髙山　しかし、日本固有の神道らしさを教義だと揶揄《やゆ》し、しかも先の戦争は狂信的な神道によってもたらされ、教典も何もないから日本は発狂したと決めつけて、これを反日パターンにはめ込んでいく国もあるわけです。

アメリカの歴史学者のジョン・ダワーは、そうした理屈で日本を論じている典型的な人物だけれど、何で親中派の在米左翼団体を組織しているあんな学者にピュリッツァー賞が与えられたのか疑問ですし、ピューリッツァー賞というのはやっぱり歪《ゆが》んでますね。

馬渕　そのとおりなんですが、ピューリッツァーという人物からして、イエロー・ジャーナリズムの実践者だったんですから（笑）。

髙山　それに、神道が理解できなければ靖国参拝も理解できないでしょうね。別に靖国神社にお骨があるわけじゃありませんし。

馬渕　とくに靖国参拝に反対する連中は、あそこがアーリントンのような墓地だと思っているんですよ。だけど、靖国神社に祀《まつ》られている人は英雄じゃなくて英霊ですから、霊に対して慰霊するというよりも、感謝するという意味合いのほうが強いと思いますよ。

アメリカの場合は、たとえば戦死した息子を父親や母親が英雄だと言ったりしますが、日本の場合は英雄だと言う人はいないし、お国のために命を捧《ささ》げた英霊と言うわけで、実はこれはたいへん重要なことで、私は、日本人はみんな靖国神社に行くべきだと思います し、まず総理が率先して行ってほしいですね。

高山　そうですね。

馬渕　そうすれば日本は本当に蘇《よみがえ》りますよ。靖国神社に祀られている英霊は、死してなお私たち日本人のいわば先祖として日本を守っていて下さるのです。先祖に対する感謝は日本人の自然の感情です。この先祖供養によって私たちは連綿と伝えられてきた1つの大きないのちの縦糸とのつながりを感じるのではないでしょうか。

八百万の神々がそれぞれ役割を担って存在している神道の世界観は、神々の子孫である私たち人間も自らの役割を発揮して社会に貢献するべきことを教えています。このような役割分担によって社会は調和することができるというわけです。役割分担の世界観は一神教世界の対立世界観と対極をなすものです。グローバル市場における過酷な競争社会に疲弊している現代人に対して、神道の役割分担世界観は唯一無二の個性を持つ私たち1人1人に存在意義を与えてくれることでしょう。このように考えますと、日本は21世紀の調和世界のモデルと言うことができるのです。

あとがき　日本に嫉妬する世界の「民族感情」を見よ

日本は単一民族で、沖縄を含め単一言語を使い、高い均質性を持っていると中曽根康弘が昔、言った。「その点、黒人やプエルトリカンが混じる米国は大変だ」と付け加えて米国がやたら激怒した。

そういう意識が他民族蔑視を生み、先の侵略戦争を起こしたとヘンな批判を導き出した。便乗して小熊英二が重箱の隅を突っつく「単一民族神話」がどうの、牛村圭が狭量なナショナリズムを鼓吹するから「我々日本人」と言うな、と馬鹿を並べる。

しかし日本の歴史を見れば一つの民族が独特の統治形態と文化を連綿と紡いできた、他に例を見ない国であることは子供だってわかる。

日本の独自性は歴史の長さだけではない。すべての国が「略奪と皆殺しと強姦」（旧約聖書民数記）を戦争の形としてきたのに、日本にそんな戦争はなかった。関ヶ原の戦いは百姓が刈り入れを終えるのを待って行われた。

およそ国家は奴隷を支えにした。人工国家・米国もまず黒人奴隷を買った。買う金のない李氏朝鮮は自国民を奴隷にした。しかし日本はここでも例外で奴隷制を持たなかった。ツュンベリーは白人キリスト教徒の貴族だけが知る慈悲と寛容を日本人は貧しい民も持っていることに感嘆した。そんな日本人はそのままの姿で国際社会に出ていった。

そのころのエピソードがある。14世紀、欧州の人口を半減させたのと同じ黒死病が1894年、香港を襲い街は死体で埋まり、英国人も支那人も逃げ出していた。

日本から北里柴三郎が行った。着いて3日目にペスト菌を見つけ、その2日後に鼠が媒介することを突き止めて香港政庁に鼠駆除を提言した。ペスト禍は終息した。5世紀間、欧州医学界が苦闘した疫病の正体を日本人がたった5日で解いた。

しかし世界を支配する白人社会はなぜか北里を無視した。賞讃もしなかった。ペスト菌の学名についた北里の名もいつの間にか消し去り、「同時期に菌を発見した」と主張する仏医師アレクサンドル・エルサンの名に書き替えた。

その数年後、北里が生んだ血清療法にノーベル賞が出たが、受賞したのは彼の白人助手だった。北里は笑い、抗議するより新橋芸者といい酒を飲む方を選んだ。

そんなに名誉がほしいのか。あるいは白人が日本人より劣っていると思いたくなかったためだったか。

この北里ケースはいまの日本と世界の関係にも当てはまる。日本は自国の自衛とアジアの解放をやった。現に植民地はみな独立した。対してジョン・ダワーは「日本人は我々と少しも変わらない」と学校図書賞を受賞した本に書く。だから南京で大虐殺をし、朝鮮人を性奴隷にし、植民地では残忍に振舞ったと。

そんな嘘を並べるのは日本人が自分たちと違うとどうしても認めたくないためだろう。あるいは日本人にその品性で自分たちが劣ったと思いたくないからだろう。

日本を取り巻く国際社会の動きの背景にはいつもそういう民族感情があり、それが最も大事な「理解する鍵」にもなる。

髙山 正之

著者略歴

髙山正之（たかやま・まさゆき）

ジャーナリスト

1942年東京生まれ。1965年、東京都立大学卒業後、産経新聞社入社。社会部次長を経て、1985年から1987年までテヘラン支局長を務め、1980年代のイラン革命やイラン・イラク戦争を現地で取材。また、アジアハイウェー踏査隊長としてアジア諸国を巡る。1992年から1996年までロサンゼルス支局長。1998年より3年間、産経新聞夕刊にて時事コラム「高山正之の異見自在」を執筆。2001年から2007年3月まで帝京大学教授を務める。『週刊新潮』「変見自在」など名コラムニストとして知られる。著書に、『アジアの解放、本当は日本軍のお陰だった！』（ワック）、『変見自在 朝日は今日も腹黒い』（新潮社）、『アメリカと中国は偉そうに嘘をつく』（徳間書店）など多数。

馬渕睦夫（まぶち・むつお）

元駐ウクライナ兼モルドバ大使、前防衛大学校教授

1946年京都府に生まれる。京都大学法学部3年在学中に外務公務員採用上級試験に合格し、1968年外務省入省。1971年研修先のイギリス・ケンブリッジ大学経済学部卒業。外務本省では、国際連合局社会協力課長、文化交流部文化第2課長等を歴任後、東京都外務長、（財）国際開発高等教育機構専務理事を務めた。在外では、イギリス、インド、ソ連、ニューヨーク、EC日本政府代表部、イスラエル、タイに勤務。2000年駐キューバ大使、2005年駐ウクライナ兼モルドバ大使を経て、2008年11月外務省退官。同月防衛大学校教授に就任し、2011年3月定年退職。著書に、『新装版 国難の正体』『日本「国体」の真実』（ビジネス社、『アメリカの社会主義者が日米戦争を仕組んだ』（KKベストセラーズ）、『「反日中韓」を操るのは、じつは同盟国・アメリカだった！』（ワック）『世界を操る支配者の正体』（講談社）、『いま本当に伝えたい感動的な「日本」の力』（総和社）など多数。

洗脳支配の正体

2017年5月1日　第1刷発行
2017年6月7日　第3刷発行

著　者　　髙山正之　馬渕睦夫
発行者　　唐津 隆
発行所　　株式会社ビジネス社
〒162-0805　東京都新宿区矢来町114番地 神楽坂高橋ビル5階
電話　03(5227)1602　FAX　03(5227)1603
http://www.business-sha.co.jp

印刷・製本　大日本印刷株式会社
〈カバーデザイン〉大谷昌稔
〈本文組版〉エムアンドケイ　茂呂田剛
〈編集担当〉佐藤春生
〈営業担当〉山口健志

ISBN978-4-8284-1953-4